Mein Hund – Mein Coach

Marion Consoir und Eva Kluge

Eva Kluge
Ziegenstraße 27
D-90482 Nürnberg
www.shaping-dog.de

Marion Consoir
Los Estrechos 30
Buzon 5
E-30880 Aguilas
www.meintierischerfreund.com

Druck:
CreateSpace, ein Unternehmen von Amazon.com

Coverbild von ©*Buddy Jonkers und Kristina Schultz*
www.planb-fotografie.de

ISBN-13: 978-1523694198

ISBN-10: 152369419X

Inhaltsverzeichnis

8. **Wahrnehmung schulen**
   Was nimmt Dein Hund wahr – lass Dich auf seine Sinne ein
   Körpersprache wahrnehmen und zwar Deine
   Wahrnehmung trainieren und Körpersprache Deines Hundes lernen
9. **Vertrauen und Bindung**
   Die physikalische Bindung
   Die soziale Bindung
   Was genau bindet Hund und Halter aneinander?
10. **Regeln und Konsequenzen**
    Wozu Regeln nützlich sind
    Wenn Regeln nicht eingehalten werden
    Ressourcenkontrolle oder Macht des Menschen?
    Das Gold der täglichen Routine
11. **Fehler zulassen**
    Missverständnisse aufdecken
    Fehler im Hundetraining sind wertvolle Lernquellen
    Die Folgen blockierter Fehler
    Umgang mit Fehlern
12. **Anspannung und Entspannung – wie der Herr so der Hund**
    Angespannte Situation von Hund und Halter
    Mittels Selbstreflexion Situationen entspannen
13. **Selbstvertrauen stärken**
    Verantwortung lässt uns wachsen
    Auf die eigenen Fähigkeiten vertrauen
    Sein zu dürfen, wie man ist
    Hunde machen uns stark
14. **Ruhe lernen**
    Ruhig agieren, damit auch Dein Hund ruhig agiert
    Einfach mal nichts tun – Dein Hund macht vor wie das geht

15. **Selbstbestimmt handeln**
Methode XY ist die einzig richtige Erziehungsmethode
Positive Verstärkung und bloß nicht bestrafen
Andere Hundehalter und ihre Tipps
Von anderen Menschen lernen, aber von welchen?

Mein Hund – Mein Coach
©Eva Kluge und Marion Consoir

Lieber Leser und liebe Leserin,

zunächst möchten wir uns vorstellen, damit Du weißt, mit wem Du es im weiteren Verlauf des Buches zu tun hast. Wir, das sind:

Eva Kluge, Hundetrainerin und Coach und
Marion Consoir, Texterin, Ghostwriterin und Coach

Wir beide sind natürlich selbst Hundehalterinnen und lieben ein Leben mit diesen Vierbeinern an unserer Seite.

Emma ist eine spanische Hütehund-Mischlingshündin, die von mir (Marion) an einem unbebauten Strand gefunden wurde. Damals war die Hündin sechs Wochen alt. Der Tierarzt legte das Geburtsdatum fest:
01. Januar 2013.

Spike ist ein Schäferhund-Terrier-Mischling (geboren am 02.05.01), der mich (Eva) seit mittlerweile
14 Jahren begleitet. Neben zahlreichen Hundesport-Aktivitäten konnte Spike schon viel erleben. Unter anderem musste er sich in einer Studenten-WG einem Widderkaninchen unterordnen.

Durch unsere eigenen Erfahrungen und durch die Arbeit als Coach wissen wir, dass Hundehalter persönlich wachsen können und zwar durch und mit ihrem Hund. Im täglichen Umgang mit dem vierbeinigen Freund finden sich zahlreiche Momente und Möglichkeiten, um eigene Schwachstellen zu identifizieren und ins Positive umzuwandeln.

Das klingt kompliziert, ist es aber nicht. Der Hund spiegelt das Gefühlsleben seines Menschen. Dieses Gefühlsleben ist wiederum eine Folge der Gedanken, Vorstellungen und inneren Überzeugungen des Menschen. Durch dieses Spiegeln können wir als Hundehalter sehr viel über uns selbst lernen und bekommen somit die Chance, innerlich zu wachsen, ruhiger, gelassener und geduldiger zu werden.

Genau darum geht es in unserem Buch. Es werden Situationen und typische Erfahrungen beschrieben und ein anderer Blick auf den Hund und das Mensch-Hund-Team eröffnet. Übungen und Denkanstöße ermöglichen es dem Leser, einmal genauer auf sich selbst zu schauen und zu erfahren, wie sich eigene Denk- und Verhaltensveränderungen auf die Beziehung zum eigenen Hund auswirken.

Ebenso erfährt der Leser sehr viel über sich selbst, über seine Ansichten und Gedanken, die ihm vorher vielleicht noch gar nicht bewusst waren.

Das Buch wird Dich somit innerlich wachsen lassen und dementsprechend trägst Du durch Deine Veränderungen dazu bei, dass sich Deine Beziehung zu Deinem Hund verbessert.

Sei gespannt und bleibe offen und neugierig!
Tauchen beim Lesen oder bei den Übungen und Denkanstößen Fragen auf oder merkst Du, dass Du gerne weitere Unterstützung für Deine persönliche Weiterentwicklung bekommen möchtest, dann kannst Du bei uns Coachingstunden buchen.
Sende Deine Coaching-Anfrage einfach an meinhund.meincoach@gmail.com mit Betreff „Coaching mit (Marion oder Eva)“

Wir möchten unseren lieben Testlesern Dankeschön sagen und ebenso Danke an Buddy Jonkers und Kristina Schultz, die uns das wunderschöne Foto für das Cover zur Verfügung stellten. Danke auch an Spike und Emma, durch die wir viel lernen konnten und immer noch dazu lernen. Danke an unsere Lebensgefährten Gerd und Thomas, die hinter uns stehen und an uns glauben.

Nun wünschen wir Dir viel Freude und viele neue Wau-Erlebnisse beim Lesen.

Eure Eva und Marion

Kapitel 1: Im Hier und Jetzt – den Moment genießen lernen

Während wir Menschen bei allem, was wir tun, gedanklich in die Vergangenheit oder Zukunft abschweifen, können Hunde jeden einzelnen Moment genießen. Ob Frauchen heute Morgen geschimpft hat oder ein Lob in Form von Leberwurst ausgesprochen hat, ist dem Hund jetzt egal. Daran verschwendet er keinen Gedanken mehr – und konzentriert sich auf das, was gerade in diesem Moment passiert.

Abschalten vom Hund lernen

Kennst Du das? Du grübelst gerade über ein Problem nach, bis Dein Blick auf Deinen tierischen Begleiter fällt. Dieser Hund hat vielleicht Schlimmes erlebt oder hat sich eben noch über Nachbars Hund aufgeregt, aber jetzt liegt er in seinem Korb und döst vollkommen entspannt vor sich her. „Könnte ich doch genauso gelassen sein und schnell abschalten“, drängt sich dieser Gedanke ins Bewusstsein.

In der Hinsicht hat uns der Hund einiges voraus: Er kann abschalten und zwar ganz schnell. Er ist nicht in der Lage, Probleme zu wälzen und Situationen analytisch auseinander zu nehmen. Das mag Vorteile und Nachteile haben, doch besonders vorteilhaft ist daran, dass er im Hier und Jetzt lebt und jeden neuen Moment tatsächlich erlebt - ohne gedanklich schon wieder an die Zukunft oder Vergangenheit zu denken.

Wir Menschen sind nun Mal mit einem anderen Gehirn ausgestattet als der Hund und es ist uns fast unmöglich, jeden Gedanken, alle Sorgen usw. einfach auszublenden. Dennoch können wir zumindest zeitweise unseren tierischen Begleiter als Vorbild nehmen und von ihm das Abschalten lernen.

Beobachtest Du Deinen Hund wirst Du feststellen, dass er sich vorzugsweise den schönen Dingen in seinem Leben zuwendet. Gut, Du wirst seine Leidenschaften nicht immer teilen, beispielsweise wenn er liebend gerne Blumen aus den Beeten buddelt. Fakt ist aber, dass er sich um sein Wohlergehen kümmert. Er sieht ein sonniges Plätzchen und legt sich dahin, um die Wärme zu genießen. Er riecht den Braten, den Du gerade brätst und schon wird er in der Küche Platz nehmen und darauf warten, dass ein Stückchen Braten aus dem Topf und ihm vor die Nase fällt. Beim Spaziergang verführt die Weite zu einem ausgelassenen Rennen und schon spurtet er los und dreht vergnügt seine Runden. Ein Stück weiter findet er etwas Verwestes und mit Vergnügen wälzt er sich genüsslich darauf herum.

Wenn man den Hund lässt, wird er in der Regel immer das tun, was ihm gut tut. Sei es fressen, trinken, spielen, toben, rennen oder jagen. Und bei all diesen Dingen ist er mit voller Konzentration bei der Sache.

Genau das tun wir Menschen in der Regel nicht. Wir schalten nicht ab. Wenn wir kochen, denken wir gleichzeitig an die Wäsche, die noch gebügelt werden muss. Sind wir auf dem Weg in den Supermarkt, gehen wir gedanklich noch einmal den Besuch bei der Schwiegermutter durch. Viele Hundehalter führen ihre Hunde wie automatisch aus und beschäftigen sich beim Spaziergang gedanklich mit ganz anderen Dingen. Ein Spaziergang wird auch dann keine Entspannung sein, wenn man sich zu stark auf die „Probleme“ des Hundes konzentriert. Dabei könnte der Spaziergang dazu dienen, das Abschalten zu lernen.

Das Hier und Jetzt mit Hund üben

Der Stress des Alltags lässt sich bestens während des Spaziergangs mit Deinem Hund abschütteln. Nimm Dir diese Zeit und nutze die Hunderunde zum Abschalten.
Dein tierischer Freund macht es Dir vor und Du kannst die Gunst der Stunde nutzen, um das Hier und Jetzt zu erleben und zu genießen. Dein Hund wird zudem Deine entspannte Energie spüren und im Laufe der Zeit selbst entspannter werden.

Baue den täglichen Spaziergang mit dem Hund als festen Bestandteil in Deinen Alltag ein. In dieser Zeit werden ab sofort Eile und sorgenvolle Gedankengänge keinen Raum mehr bekommen. Klingt unmöglich? Falls Du bisher wie nebenbei mit Deinem Hund gegangen bist, weil er seinen Auslauf braucht, wird dieser Vorschlag sicherlich verrückt klingen. Unmöglich ist er aber nicht, denn jede Gewohnheit lässt sich zu einer anderen Gewohnheit umformen.

Zunächst ist dazu ein bisschen Gedankenarbeit notwendig, denn der menschliche Geist ist ziemlich rege und arbeitet fleißig rund um die Uhr. Übe ein Gedanken-Stopp ein: Sobald Du merkst, dass Deine Gedanken abschweifen, sage Dir „Stopp!!".
Das kannst Du leise denken oder laut aussprechen – so wie es für Dich gut ist. Damit unterbrichst Du den Gedankenfluss und das sich um ein Problem drehende Gedankenkarussell. Direkt im Anschluss konzentrierst Du Dich bewusst wieder auf den Moment.

Beim Spaziergang ist Folgendes empfehlenswert, um das Hier und Jetzt zu genießen:

- Dein Hund schnüffelt in aller Ruhe und liest die hündische Zeitung. Du bleibst ebenfalls ruhig stehen und schaust Dir die Natur an. Betrachte die Pflanze vor Dir mit neuen Augen. Beobachte die Biene, die sich gerade auf eine Blüte niederlässt.

- Während Du gehst, lässt Du Dich auf die direkte Umgebung ein: Welche Gerüche sind da? Welche Geräusche nimmst Du wahr? Ist Wind auf der Haut zu spüren? Oder wärmt die Sonne Deine Haut? Gehst Du durch die Natur, schaue Dir alles genau an. Auch wenn Du meinst, die Gegend schon in- und auswendig zu kennen, sie verändert sich schon alleine durch die wechselnden Jahreszeiten. Lass' Dich innerlich fallen und genieße die aufsteigende Körperwärme, die sich ausbreitet, je länger Du gehst.
- Lege zwischendurch eine kleine Rast ein. Setz' Dich hin, spüre den Wind, die Regentropfen oder die Sonnenwärme. Betrachte die Wiese, den Wald, das Feld oder den See. Lausche dem Gesang der Vögel. Das ist Meditation und Dein Geist wird spürbar ruhiger.
- Vielleicht spielt Dein Hund gerne. Diese Leidenschaft kannst Du ebenfalls nutzen um Dich auf das Hier und Jetzt konzentrieren zu lernen. Lass' Dich auf eine Spielrunde ein und konzentriere Dich auf ein ausgelassenes Spiel.
- Merkst Du Deine Eile, Deinen Stress, Deine innere Unruhe – gehe langsamer und nehme bewusst Dein Tempo zurück.

<u>Noch ein Tipp</u>:

Das Fotografieren während des Spaziergangs kann ebenso den Fokus auf das Hier und Jetzt lenken und halten. Auf der Suche nach Motiven bleiben Deine Gedanken bei der Umgebung, Deinem Hund und bei Dir. Du wirst automatisch die Natur mit anderen Augen betrachten, wenn Du den Spaziergang zur Foto-Safari deklarierst.

Akzeptieren und annehmen – für den Hund ein leichtes Spiel

Noch ein Kriterium macht es uns Menschen schwer, im Moment zu verweilen: Wir akzeptieren oftmals Situationen nicht und versuchen uns dagegen zu wehren – und sei es lediglich mit Schimpfen und Meckern.

Es regnet. Dein Hund fordert seinen Spaziergang ein. Innerlich bist Du genervt: „Jetzt muss ich bei diesem Sauwetter raus! Kann es nicht Mal aufhören zu regnen? Gleich ist hier wieder der Fußboden nass und Bello muss ich wieder trocken rubbeln. ...“. Mit mieser Laune und schlechten Gefühlen wirst Du losziehen. Jedes Schnüffeln Deines Hundes nervt und jeder Regentropfen verschlimmert Deine Laune.

Die meisten Hunde werden bei Regenwetter genauso fröhlich spazieren gehen wie bei Sonnenschein. Diejenigen, die bei Regen und Sturm keine großen Runden drehen wollen, akzeptieren ebenfalls das Wetter: Sie nehmen die Lage so an, wie sie ist und machen es sich auf dem Sofa oder in ihrem Korb bequem, um einen ruhigen Tag zu genießen.

Falls Du einen Hund hast, der bei jedem Wetter spazieren gehen möchte: Akzeptiere das Wetter und ziehe Dich entsprechend an. ...ich höre Dich schon fluchen und vielleicht auch mich als Schreiberling verfluchen. Spaziergang im Regen soll Spaß machen? Warum nicht, frage ich zurück. Wir können unser inneres Kind zur Geltung kommen lassen, denn das ist immer anwesend, wird aber größtenteils unterdrückt.

Wie wäre es damit (versuche es Dir nur einmal vorzustellen): Es regnet. Du packst Gummistiefel in den Wagen, ziehst Dir Regenkleidung an und fährst mit Deinem Hund in den Wald. Die Wege sind matschig und viele Pfützen sind zu umrunden...nein, Halt! Die musst Du gar nicht umrunden, denn Du hast Gummistiefel mitgenommen. Die ziehst Du an und läufst vergnügt durch diese Pfützen, so wie damals, als Kind. Und: Sei unbesorgt, es wird Dich niemand beobachten, denn die meisten Menschen sind wasserscheu und bleiben bei Regenwetter zuhause. Lass' Dein inneres Kind heraus und genieße die Spaziergänge über matschige Wege, durch Pfützen und unter tropfende Bäume.

Nach so einem freudigen Spaziergang sind Dir auch die Pfotenabdrücke auf dem Fußboden egal. Dafür hat sich der Spaß im Hier und Jetzt gelohnt.

Kapitel 2: Der Hund als Spiegel

Es ist ein Phänomen, das viele Hundehalter sicherlich kennen. Wir suchen uns – oft unbewusst - als Mensch einen Hund, der zu uns passt und uns damit ähnlich ist. Dabei geht es nicht nur um das äußere Erscheinungsbild, sondern auch um eine Ähnlichkeit des Charakters. Es ist oftmals so, wie bei der Kleidung. Der Hund sagt etwas über mich und meine Einstellung aus. Was sagt Dein Hund über Dich aus? Der Hund als Spiegel gibt Dir mit seinem authentischen Wesen das ehrlichste Feedback, das Du je bekommen kannst. Hier sind einige Anregungen, die Dir so vielleicht noch nicht bewusst waren:

Was sagt es Dir, wenn...

...Dein Hund hibbelig oder unausgeglichen ist?

Du kannst Deinen Einfluss und Dein Wirken auf Deinen Hund u.a. beim Spaziergang ganz leicht testen. Wenn Du z.B. beim Spaziergang bist, dann renne doch einfach mal los oder verändere Dein Tempo zum Schleichen. Schau mal, wie Dein Hund darauf reagiert. Rennt er mit? Schaut er verdutzt? Wenn Du einen quirligen bis hibbeligen Hund hast, dann setz Dich einfach mal beim Spaziergang auf eine Bank oder einen Baum. Beobachte was dann passiert? Lässt Deine Pause auch Deinen Hund zur Ruhe kommen? Wird er wieder lebendiger, wenn Du aufstehst und weitergehst? Du wirst vielleicht feststellen, dass Du Deinen Hund beeinflussen kannst, indem Du auf Deinen eigenen Zustand achtest. Wenn Du angespannt bist, wird Dein Hund angespannt, bist Du locker, entspannt sich auch Dein Hund leichter. Beobachte, wie Dein Hund Deine Bewegungen und Dein inneres Gefühl spiegelt.

...Dein Hund nicht spielt

Verspielt zu sein hat immer eine positive Wirkung, ganz egal, ob das nun den Hund oder den Menschen betrifft. Wir lernen schneller, sind glücklicher, motivierter und leistungsfähiger. Beobachte mal die Kinder auf einem Spielplatz oder die Welpen bei einer Spielstunde. Sie sind so neugierig und voller Leben und sie lernen durchs Spielen und einen enormen Energieaufwand. Wenn Du mit Deinem Hund spielst, habt ihr nicht nur Spaß, sondern es fördert auch eure Mensch-Hund-Bindung und Du wirst vielleicht feststellen, dass Du Deinem Hund auf diese Weise spielerisch viel schneller und spaßiger etwas beibringen kannst, als es mit strenger Ausbildungsmethode überhaupt möglich wäre. Wenn Dein Hund nicht spielen mag, dann frage Dich doch mal, wann Du das letzte Mal ausgelassen wie ein Kind gespielt hast oder etwas getan hast, das Dir richtig viel Freude macht und Dich begeistert? Dein Hund passt sich Deiner Natur in großem Maße an, daher ist der Hund aktiver, wenn Du aktiv bist und spielt auch mehr, wenn Du etwas verspielt bist bzw. mit Deinem Hund beispielsweise kleine Zerr- und Ballspiele spielst. Frage Dich: Was brauchst Du, damit Du begeistert spielst? Was genau braucht Dein Hund, damit er lebendig spielt? Was verknüpft Dein Hund mit Spielen? Wenn er sich dabei vielleicht einmal verletzt hat, ist das jeweilige Spiel vielleicht nicht der richtige Motivator für Deinen Hund. Dann suche einfach etwas anderes zum Spielen. Sei einfach einmal albern mit Deinem Hund und erlaube Dir einmal die Welt nicht so ernst zu nehmen.

...Dein Hund ständig davonläuft

Dein Hund spiegelt im Falle des Davonlaufens des Hundes in der Regel den Grad Deiner Aufmerksamkeit, die Du Deinem Hund bzw. dem Hundetraining widmest. Wie aufmerksam bist Du und wie kannst Du Deine Aufmerksamkeit erhöhen? Genieße den Spaziergang mit Deinem Hund z.B. ohne Handy und erlebe den Ausflug mit Deinem Vierbeiner im Hier und Jetzt; nehme einfach nur wahr, was ist, und Du wirst automatisch aufmerksamer werden. Vielleicht wird es Dich zu

Beginn irritieren, denn wir sind es mittlerweile gewohnt, uns ständig mit mehreren Dingen gleichzeitig zu befassen. Erlaube Dir, nur das zu tun, was Du gerade tust. Wenn Du dies eine Zeit lang beachtest, kannst Du auch bald früh genug erkennen, wenn Deinem Hund ein guter Geruch in die Nase weht oder Du siehst sofort, wie weit genau er sich von Dir entfernt. Wenn Du einen Hund mit einem ausgeprägten Jagdtrieb hast, dann kannst Du Deine Aufmerksamkeit vielleicht noch mehr auf das Hundetraining richten, sodass Du die Abrufbarkeit Deines Hundes trainierst und später entspannter Spazieren gehen kannst, wenn Dein Hund besser hört.
Manchmal ist auch die Energie des Menschen oder eines anderen Hundes der Grund zum Davonlaufen. Meine Hündin Emma vergrößert ihren Radius, wenn uns gestresste oder nervöse Menschen begleiten oder wenn uns Hunde begleiten, die in Emma Stress auslösen.

...Dein Hund anderen Menschen oder Hunden gegenüber unruhig, aggressiv oder unsicher ist

Wenn ich mit meinem Hund unterwegs bin und es kommt mir jemand entgegen, der mir z.B. unheimlich ist, dann ist mir oft auch sein/ihr Hund unheimlich. Dadurch dass unser Hund unsere Stimmung sehr fein wahrnimmt, kann es nun sein, dass er sich durch meine Anspannung auch anspannt oder durch meine Unsicherheit auch unsicher wird. Der Hund spiegelt quasi meinen emotionalen Zustand. Vielleicht erlebst Du solche Situationen aber auch manchmal umgekehrt, d.h. Du siehst, wie Dein Hund seinen Körper anspannt, erkennst aber noch nicht den anderen Hund oder das, was Dein Hund gerade sieht oder riecht. In dieser Situation kann es dann sein, dass Du auch etwas anspannst

und Deinen Hund lieber anleinst, weil Du ja noch nicht weißt, wer oder was da kommen mag.
Je länger Mensch und Hund zusammenleben, desto mehr passt sich der Hund dem Menschen an und verhält sich in mancher Hinsicht ähnlich. Meine Erfahrung ist zum Beispiel, dass kleine Hunde von älteren Menschen oft genauso ängstlich (und keifend) sind, wie deren Halter/in. Oder ich sehe einen ausgelassenen Hund, der in einer Familie lebt und mit den Kindern über die Wiese düst, obwohl er schon etwas älter ist. Ich habe sogar mal einen Schäferhund erlebt, der schon als junger Hund wie in Zeitlupe neben seinem älteren Herrchen herging und sich wie ein alter Hund bewegte, weil sein Herrchen einfach langsam unterwegs war. Die Anpassung des Hundes spiegelt uns also auf eine spannende Art und Weise, wie wir sind.
Falls Dein Hund an der Leine tobt, wenn ein anderer Hund oder Mensch an euch vorübergeht, frage Dich mal, ob Du die Menschen und/oder Hunde magst, die Dein Hund nicht mag. Oft bestätigt sich das Bauchgefühl. Höre darauf und kontrolliere Deinen Hund in angespannten Situationen noch aufmerksamer. Wenn Du das Gefühl hast, in einen Teufelskreis zu sitzen, z.B. weil Dein Hund gebissen wurde, Du dadurch angespannter bist, Dein Hund angespannter wird und er dadurch eher wieder mit Hunden aneinander gerät, dann suche Dir einen guten Trainer, der mit euch übt und euch die Sicherheit zurückgeben kann.
Wenn Dein Hund Menschen gegenüber unsicher oder sogar feindselig ist, dann achte wieder darauf, wie es Dir mit diesen Menschen in der jeweiligen Situation geht. Oft spricht der Hund nur aus, was wir als Menschen fühlen, aber gern vertuschen mögen. Wenn Du Deine Ängste, Unsicherheiten oder vielleicht sogar Deine Wut gegenüber der (bestimmten) Menschen bearbeitest und überwindest, so wirst Du sicher schon dadurch eine Veränderung an Deinem Hund bemerken. Du wirst dann auch viel leichter an einem even-

tuell problematischen Verhalten des Hundes arbeiten können und alles kommt wieder ins Lot.
Übrigens muss es noch nicht einmal an dem Menschen liegen, der Dir gerade begegnet. Unbewusst kann Dich etwas an seinem Verhalten, Aussehen oder Geruch an eine Person erinnern, mit der Du in der Vergangenheit negative Erfahrungen gemacht hast.

...Dein Hund ständig krank ist

Vielleicht hast Du es schon erlebt, dass Dein Körper Dir durch eine Krankheit eine Art Warnung ausspricht. Wenn wir z.B. nur für andere Leben, sei es z.B. die Arbeit oder die Familie, dann gibt uns unser Körper durch eine Krankheit schnell Signale auch auf uns zu achten. Wenn Dein Hund oft oder chronisch krank ist, dann kann es sein, dass er unbearbeitete Themen von Dir für Dich trägt. Das können Sorgen, eine unechte Lebensfassade oder zurückgestellte eigene Wünsche sein. Dass die Krankheit Deines Hundes auch etwas über Dich aussagt, möchte ich Dir als Anregung mitgeben. Wenn Du einen Hund aus schlechter Haltung hast und er daher ständig krank ist, dann frage Dich, was das kranke Wesen Dir für eine Botschaft senden möchte. Wir können immer etwas dazulernen, wenn wir wollen. Tipp: Interessant in diesem Zusammenhang ist auch die Organsprache (einfach mal bei Google eingeben).

Übungsansätze:

Wenn Dein Hund hibbelig oder unausgeglichen ist:

Gönne Dir regelmäßig Ruhe und Entspannung. Es reicht schon, wenn Du Dich bei jedem Spaziergang mit Deinem

Hund zehn Minuten täglich auf eine Parkbank oder einen Baumstamm setzt und bewusst atmest. Beobachte, wie sich Dein Hund vorher und nachher verhält.

Wenn Dein Hund nicht spielt

Albere mit Deinem Hund einmal so richtig herum. Renne mit ihm über die Wiese, verstecke Dich hinter einem Baum, mach Dich klein, dann wieder groß. Du kannst auch mal ganz langsam auf Deinen Hund zugehen und ihn dann in schnellem Schritttempo versuchen zu fangen. Beobachte wie Dein Hund darauf reagiert und genieße es, wenn er auf Deine Spielaufforderung eingeht.

Wenn Dein Hund ständig davonläuft

Du kannst das gleiche wie oben tun, wenn Dein Hund nicht spielt. Ansonsten probiere einmal verschiedene Aufmerksamkeits-Übungen aus. Ein Beispiel ist die Übung, bei der Du die Rückblicke Deines Hundes markierst (mit Clicker), sodass sich Dein Hund stärker an Dir orientiert.

Wenn Dein Hund anderen Menschen oder Hunden gegenüber unruhig, aggressiv oder unsicher ist

Wenn Du mit Deinem Hund in eine Situation kommst, die Dir unangenehm ist, atme tief durch, versuche Abstand zu gewinnen und Du kannst durch Deine Körperhaltung ausdrücken, dass Du die Situation klärst. Dazu kannst Du eine sogenannte Power-Pose einnehmen. Zum Beispiel wenn Du Deine Arme zwei Minuten in die Hüften stellst und bewusst atmest. Wenn ein Hund auf Deinen Hund zurast, kannst Du

Dich auch einfach vor Deinen Hund stellen. Oft hört dann der eigene Hund auf zu knurren (weil Du die Sache regelst) und der andere Hund verschwindet, weil er Deine Körpersprache sehr gut lesen kann.

...Dein Hund ständig krank ist

Krankheiten haben meistens einen psychischen Hintergrund. Darum frage Dich: Welche Themen in Deinem Leben sind ungeklärt? Welche Belastungen trägst Du mit Dir herum? Welche Träume willst Du Dir erfüllen und welche Sorgen kannst Du vielleicht loslassen, die Deine Lebensfreude trüben? Unsere Hunde leben so eng mit uns zusammen, dass sie ständig in unserem Resonanzfeld leben. Sie können gar nicht anders, als die Last von uns (mit)zu tragen. Du kannst Deinem Hund die Last abnehmen, indem Du wichtige Fragen Deines Lebens für Dich beantwortest und klärst.

Meine Gedanken zum Schluss

Es ist zum Teil schon fast gruselig, wie sehr sich unser Hund an uns Haltern orientiert. Mein Hund spiegelt meinen Charakter, meine Einstellungen, Emotionen und sogar meine Probleme und legt alles offen dar. Wenn ich mir das bewusst mache, wie echt mein Hund sich mir gegenüber verhält, dann gibt es hier keine Fassade, keine Umgehungsmöglichkeit und Lügen, wie gegenüber anderen Menschen. Es tut schon fast weh so eine klare Wahrheit gespiegelt zu bekommen und ich kann Dir sagen, dass auch ich in den letzten 20 Jahren so manche klare Botschaft von meinen Hunden erhalten habe, die ich erstmal verdauen musste.
Vor einiger Zeit gab es einen Bericht in den Nachrichten. Ein Mann warf seinen Schäferhund in Wut einfach aus dem Fenster, der Hund war sofort tot. Ich frage mich, welche

Botschaft dieser Mann wohl von seinem Hund erhalten hat, dass er so weit gegangen ist...

Kapitel 3: Geduld und Gelassenheit

In der heutigen hektischen Zeit muss alles möglichst schnell gehen. Leistungsdruck wird bereits in der Schule spürbar und nimmt im Laufe des Lebens oftmals zu. Zudem soll es perfekt zugehen und je mehr der Mensch seine natürlichen Wurzeln verliert, desto ausgeprägter wird das Streben nach Perfektion. Dies macht sich ebenso im Zusammenleben mit dem Hund bemerkbar: Der Vierbeiner soll perfekt gehorchen und zwar immer und überall. Die Erziehung darf nur kurze Zeit in Anspruch nehmen und der Hund soll die Lektionen schnell lernen.

Mit diesen Erwartungen und der inneren Haltung des menschlichen Teammitglieds entsteht Druck auf beiden Seiten und Erziehung sowie Alltag sind von Frust, Ärger und Ungeduld geprägt. Dabei können sich Hundehalter von ihrem tierischen Freund eine dicke Scheibe abschneiden, denn von ihm wird jede Menge Geduld erwartet: Der Hund soll auf Kommando Platz machen und solange liegen bleiben, bis Frauchen oder Herrchen ihm die Erlaubnis geben aufzustehen. Er soll ruhig und geduldig alleine bleiben und warten, dass seine Menschen nach Hause kommen. Trifft man unterwegs Bekannte, soll der Hund geduldig absitzen, bis der Plausch der Menschen beendet ist...

Es gibt noch genügend weitere Beispiele für die enorme Geduld, die unsere Hunde aufzubringen lernen und auch noch gewillt sind, Geduld zu lernen. Und der Mensch? Ist er bereit, im Umgang mit dem Hund geduldig und gelassen zu reagieren und auch einmal ein Auge zuzudrücken und eine Situation mit weniger Ernst zu betrachten? Nehmen wir uns doch ein Beispiel am Hund und lernen ebenso wie er Geduld und Gelassenheit.

Neues lernen braucht Zeit

Wenn Du etwas Neues lernst, wirst Du bestimmt gemerkt haben, dass Du Zeit benötigst, bis Du das ehemals Neue wie automatisch ausführen kannst. Nehmen wir als Beispiel das Autofahren: Zu Beginn muss man sich enorm konzentrieren, um gleichzeitig zu lenken, den Verkehr zu beachten, aufzupassen, ob Fußgänger, Hunde oder Radfahrer den Weg kreuzen und ebenso den nächsten Gang zu schalten, Gas- oder Bremspedal zu treten usw. Nach einer Fahrstunde fühlt man sich müde und die Konzentration lässt zu wünschen übrig.

Hast Du das Glück, einen geduldigen und gelassenen Fahrlehrer zu haben, wird er Dich motivieren, mit ruhiger Stimme sprechen, sodass Dir das Lernen leichter fällt. Du kannst Dich gut konzentrieren und mit jeder neuen Fahrstunde bereits Erlerntes immer besser umsetzen.

Hast Du das Pech, einen ungeduldigen und hektischen Fahrlehrer zu haben, wird er Dich bei Fehlern zusammenstauchen, mit lauter, genervter Stimme sprechen, sodass Dir das Lernen schwerer fällt. Du kannst Dich kaum konzentrieren und in jeder neuen Fahrstunde wiederholst Du Fehler, da Dich das Verhalten Deines Fahrlehrers nervös macht.

Macht es schon Klick? Ist der Cent bereits gefallen? Denke nun einmal an die Hundeerziehung! Wie agierst und reagierst Du, wenn Dein Hund etwas Neues Lernen soll? Gibst Du ihm die Zeit und nötige Ruhe, um das Neue zu begreifen und umsetzen zu können? Was ist, wenn er einen Fehler macht? Bist Du verärgert oder genervt, weil er das immer noch nicht begriffen hat? Wie verhält sich Dein Hund? Kannst Du feststellen, ob er sich gut oder schlecht konzentrieren kann? Falls er sich nicht gut konzentrieren kann: Hast Du einmal überprüft, woran das liegt?
Er könnte überfordert sein, weil er sich zu lange konzentrieren muss. Die Außenreize sind zu stark, um sich auf Neues zu konzentrieren oder er spürt Deine Ungeduld und das lässt ihn selbst unruhig werden.

Falls Du nun erkannt hast, dass Dir und Deinem Hund eine Portion Geduld und Gelassenheit gut tun würden, werden Dir die folgenden Tipps helfen, um das Training, aber auch das Zusammenleben stressfreier zu gestalten.

Außerdem wirst Du davon profitieren, wenn Du geduldiger und gelassener wirst. Der Alltagsstress hat kaum noch Chancen, Deine Gelassenheit in Ungeduld zu verwandeln und Deine innere Ruhe wird sich wiederum auf den Hund übertragen.

Entschleunigung und Mut zum Nicht-Perfekten

Hektik, Stress, Leistungsdruck – das sind typische Faktoren, die heute scheinbar ganz normal sind und zum Leben dazu gehören. Sie tun aber weder Dir, noch Deinem Hund gut und Dein vierbeiniger Kumpel kann Dir das Entschleunigen beibringen. Ebenso legt er keinen Wert auf Perfektion. Er nimmt Dich so an, wie Du bist und liebt Dich dabei heiß und innig. Er nimmt sein Zuhause so an, wie es ist und hat nicht das Gefühl, dass dies und jenes besser, schöner oder komfortabler sein sollte.

Zunächst möchte ich auf etwas hinweisen: Ein Hund braucht immer Zeit. Das heißt, wer sich dazu entschieden hat, mit einem Hund zu leben, sollte sich für diesen Vierbeiner Zeit nehmen. Ob berufstätig oder nicht, ob Kinder mit im Haushalt leben oder nicht – die tägliche Zeit mit dem Hund muss in den Alltag integriert werden. Mal eben nebenbei einen Hund erziehen und mal eben nebenbei eine Runde um den Block drehen, funktioniert nicht. Wenn das auf diese Weise so abläuft, sind Frust und Stress vorprogrammiert und zwar bei Dir und Deinem Hund.

Also: Entschleunigung ist angesagt und ebenfalls der Abschied von Perfektion! Dein Hund zeigt Dir wie es geht. Du musst Dich nur darauf einlassen:

- Dein Hund beobachtet Dich und spürt Deine Stimmung. Bist Du in Hektik, wird sich dies auf den Hund übertragen. Bringe also Ruhe in die Situation. Dein Hund wird besser lernen und gehorchen, wenn Du selbst Gelassenheit ausstrahlst und geduldiger bist.

- Wenn Dein Hund scheinbar nicht versteht, was Du von ihm forderst, hat das in der Regel nichts mit Begriffsstutzigkeit oder Sturheit seitens des Vierbeiners zu tun. Es kann an zu vielen Außenreizen liegen, also an der Umgebung. Es kann damit zu tun haben, dass der Hund überfordert ist, weil er sich beispielsweise vorher nicht auspowern durfte oder die Lernschritte zu groß sind. Häufig hat es jedoch mit dem Halter zu tun, weil er gestresst ist, in Zeitnot ist, ungeduldig reagiert und somit Druck aufbaut. Nimm Dir also Zeit, wenn Du mit Deinem Hund übst und setze kleinere Lernschritte ein. Bleibe gelassen, wenn Dein tierischer Freund die Ohren auf Durchzug stellt. Lächle innerlich und erinnere Dich daran, dass auch Du in manchen Situationen lieber die Ohren verschließen möchtest – oder es sogar tust ☺. Geduld ist sehr, sehr wichtig! Dein Hund kann nur dann etwas lernen, wenn Du es regelmäßig, sprich täglich mit ihm in kleinen Lerneinheiten übst. Das braucht einfach Zeit.

- Lasse Deinen inneren Perfektionisten los! Niemand ist perfekt, weder Mensch noch Tier. Dein Hund macht es Dir vor, wie es geht. Er liebt Dich so, wie Du bist. Lerne Deinen Hund als individuelle Persönlichkeit kennen und stecke ihn nicht in eine Schublade. Eine Rasse mag verschiedene Merkmale vorweisen, doch ist immer noch jeder einzelne Hund ein Individuum. Labrador Jack kann einen ganz anderen Charakter haben, als Labrador Boomer. Wenn Nachbars Hund Agility-Champion ist, muss Deiner nicht auch einer werden. Dein Hund läuft vielleicht problemlos ohne Leine, aber er hasst Katzen. Na und? Du magst sehr wahrscheinlich auch irgendwas nicht oder kannst nicht alle Lebewesen gleich leiden. Vielleicht findest Du Spinnen eklig, aber Dein Hund wird nie von Dir erwarten, ein Spinnenfan zu werden.

Wichtig ist, dass ihr als Team harmoniert. Ob Dein Hund perfekt bei Fuß geht oder eher zwei Schritte vor Dir geht, ist zweitrangig. Hauptsache Ihr beide kommt damit zurecht.

- Jeder Hund – und auch jeder Mensch – hat Macken. Statt Dich auf diese scheinbaren Makel zu konzentrieren, betrachte lieber die Vorzüge. Auch das hilft, dem Perfektionismus Adieu zu sagen. Es gibt stets genug positive Seiten an Deinem Hund – und an Dir! Im Grunde ist der erste Schritt die Selbstliebe, um weniger perfektionistisch zu denken und zu handeln. Und damit geht auch die Gelassenheit einher: Je mehr Du Dich selbst lieben lernst, desto gelassener kannst Du mit scheinbaren Makeln umgehen. Das wiederum wirkt sich auf den Umgang mit Deinem Hund aus: Die scheinbaren Makel werden unwichtig und wenn Hund statt direkt neben Dir, etwas weiter vor Dir geht, kannst Du gelassen darüber hinwegsehen.

- Vielleicht bist Du beim Spaziergang ungeduldig, wenn Dein Hund wieder einmal ziemlich lange schnüffeln möchte. Er liest die Zeitung und manche

Zeitungsartikel sind halt länger und nehmen mehr Zeit in Anspruch. Du musst nun nicht an jedem Grashalm stehenbleiben, damit Dein Hund eine halbe Bibliothek lesen kann. Bei diesen Gängen kannst Du aber Geduld üben, indem Du Deinem treuen Freund immer mal wieder Zeit gibst, um die spannende Nachricht in Ruhe lesen zu können. Falls Dir das unglaublich schwer fällt und Du innerlich Deine Nervosität und Ungeduld wachsen fühlst: Lerne Atemübungen und führe genau diese durch. Liest sich merkwürdig, oder?
Durch gezieltes, ruhiges und gleichmäßiges Atmen sorgst Du für innere Ruhe. Achte einmal auf Deinen Atem, wenn Du ungeduldig und gestresst bist. Du wirst flach und kurz atmen. Verschiedene Atemtechniken helfen Dir beim Entspannen und somit förderst Du Deine Gelassenheit.

Zum Schluss noch ein Hinweis. Wie oben bereits erwähnt, braucht alles Neue Zeit. Auch Dein Erlernen von Geduld und Gelassenheit benötigt Zeit und wird sich nicht innerhalb kurzer Zeit einstellen. Du kannst im täglichen Zusammensein mit Deinem Hund diese beiden gesunden Eigenschaften trainieren. Verlangst Du von Deinem Vierbeiner mehr Geduld, so beweise auch Du Geduld.

Du möchtest, dass Dein Hund in bestimmten Situationen entspannt und ruhig bleibt, so zeige auch Du Dich von dieser Seite.

Es gibt täglich Situationen, in denen Ihr als Team Geduld und Gelassenheit üben könnt. So werdet Ihr beide Schritt für Schritt geduldiger, entspannter und ruhiger und könnt die gemeinsamen Zeiten stressfrei genießen.

Vielleicht gibt es Menschen in Deinem Umfeld, die Du als gelassen und geduldig beschreiben würdest. Schau Dir einmal genau an, wie diese Menschen reden und handeln. Sie werden eine gewisse innere Ruhe ausstrahlen und wenn Du Dich in deren Nähe befindest, wirst Du spüren, wie auch Du etwas von dieser Ruhe abbekommst. Genau das passiert auch im Zusammensein mit Deinem Hund: Er erhält einen Teil Deiner Energie und umgekehrt wirst Du seine Energie spüren. Merkst Du, dass Dein Hund in manchen Situationen überdreht, ängstlich oder unruhig reagiert, versuche mit Geduld beruhigend auf ihn einzuwirken. Dieses Vorgehen bewirkt gleichzeitig, dass Du Dich bewusst entspannen und Geduld aufbringen musst. Ihr profitiert somit beide von Deinem veränderten Verhalten.

Kapitel 4: Authentisch sein

Jetzt, wo Du gesehen und vielleicht auch schon erlebt hast, wie stark Dich Dein Hund spiegelt, gelangen wir zu dem nächsten wichtigen Aspekt, der auch beim Kapitel „der Hund als Spiegel“ schon eine sehr relevante Rolle gespielt hat. Die Frage ist doch, warum dieses echte Feedback des Hundes bei uns eine so starke Wirkung auslösen kann.

Was ist Authentizität?

Ganz einfach gesagt geht es doch um unsere eigene **Echtheit**, die uns der Hund widerspiegelt. Er zeigt uns unsere **Wahrheit**, die wir Menschen gegenüber oft ganz leicht so verändern können, sodass wir einfach „besser rüberkommen“. Stell Dir vor Du machst Dich hübsch für einen besonderen Abend, Du betonst Deine Stärken und überschminkst Deine Schwächen. Einerseits heißt das ja nicht gleich, dass wir dadurch nicht mehr authentisch sind. Andererseits zeigt das doch die ersten Ansätze „unwahrer Gegebenheiten."

Mit dem wahren Spiegelbild, das uns der Hund gibt, siehst Du Dich im Spiegel **völlig ungeschminkt**.
All unsere „Macken" und Unebenheiten kommen zum Vorschein. Dabei bröselt unsere Fassade, die wir uns in bestimmten Rollen aufgebaut haben. Ich erinnere mich dazu an einen Mann, der mit seinem jungen, jedoch schon recht großen Rüden auf den Hundeplatz kam. Der Rüde war noch recht ungestüm. Sein Herrchen war Geschäftsführer in einem Unternehmen, vermutlich angesehen und kompetent in seinem Bereich. Nun kannte er sich im Hundetraining noch nicht aus und übte beim Training mit seinem Hund enormen Druck auf seinen Rüden aus. Je „ungeschminkter" der Hund die Inkompetenz seines Halters in dieser Situation widerspiegelte, desto größer wurde der Druck. Der Halter versuchte diese unangenehme Situation mit Strenge zu kontrollieren, um seine Unwissenheit nicht den anderen Zuschauern zu offenbaren. Wer aber erwartet denn von einem, dass alles sofort super funktioniert, wenn man sich bisher noch nie damit befasst hat?

Ist Authentizität wichtig?

Wieso ist es eigentlich so wichtig immer nur die Sonnenseite von sich zu zeigen? Ein wichtiger Grund liegt einfach darin, dass wir **leichter verwundbar** sind, wenn auch unsere Schattenseite sichtbar wird. Es macht uns verletzlich mit allen Stärken und Schwächen zu sein, wie wir sind. Doch das wäre eigentlich ehrlicher den anderen gegenüber. Doch zunächst beginnt die **Ehrlichkeit** bei uns selbst. Ehrlich mit sich selbst zu sein klingt vielleicht erstmal seltsam, aber wie oft verraten wir uns selbst, indem wir anderen etwas Recht machen wollen und dafür dass, was uns eigentlich wichtig ist vernachlässigen? Im Job der erfolgreiche Karrieremensch? Zuhause die perfekte Hausfrau? Es gibt sehr viele „Rollensituationen“. Denken wir nur mal ans Internet, wo es eine Vielzahl an Rollen gibt, die wir dort einnehmen können. Doch diese Rollen sind wie eine unechte Hülle um uns herum. Durch diese Schauspielerei entsteht bei vielen ein Gefühl der Leere, da wir uns selbst nicht mehr treu sind.

Wenn wir ehrlich zu uns selbst sind, dann leben wir automatisch authentischer, d.h. was wir sagen und tun entspricht dem, was wir sagen und tun möchten. Klingt vielleicht erstmal kompliziert, darum hier ein Beispiel dazu: Viele Menschen sind jahrelang in Jobs, in denen sie auch zeitlich sehr stark eingebunden sind. Klar, wenn es der Traumberuf ist, dann macht das sicher auch Spaß und der Mensch lebt authentisch mit seinen Werten. Doch wie viele Menschen verbringen genauso viel Zeit in Berufen, die ihnen eigentlich gar nicht wichtig sind. Dann ist doch die Frage, ob ich in meiner Lebenszeit nicht mit Dingen oder Menschen umgeben sein möchte, die mir tatsächlich wichtig sind, anstatt meine Energie und Zeit in etwas zu stecken, das nicht zu mir passt.

Ich kenne zwar viele Leute, die viel Arbeit und Verantwortung haben, jedoch gehen die wenigsten davon tatsächlich in ihrer Arbeit so auf, dass sie gerne auf ihren Feierabend verzichten, um das Arbeits-Ziel zu erreichen.

Um herauszufinden, was genau in Deinem Leben wichtig ist, hilft es sich von Zeit zu Zeit auf die eigenen Werte zu besinnen, sich selbst besser kennenzulernen und den Dingen nachzugehen, denen man nachgehen möchte. Das zu sagen, das zu leben, das zu tun, was Dich wirklich ausmacht, was Dich als Mensch auszeichnet. So gelangst Du automatisch auch zu mehr Authentizität.

Wie kann ich meine Authentizität noch stärken?

Alles beginnt bei unseren Werten. Werte wie Arbeit, Geld, Karriere, Familie, Freunde, Hobbies, Ruhe, Sicherheit, Frieden, Freiheit, Glückseligkeit, Kreativität, Liebe, Kommunikation, Ehrlichkeit, Treue...
Diese Liste ist bis ins Endlose erweiterbar.

Deine Werte-Analyse
(Übungen & Fragen in Anlehnung an die Unterlagen zur NLP-Master-Ausbildung: Landsiedel NLP Training)

1. Welche privaten oder beruflichen Aktivitäten hast Du in den letzten 2-5 Jahren durchgeführt? Erstelle eine Liste mit Deinen Aktivitäten und überlege Dir welche Werte in den jeweiligen Aktivitäten gelebt wurden. Welche Werte spielten in dieser Zeit eine große Rolle, welche Werte waren eher nebensächlich?
2. Welche privaten und beruflichen Aktivitäten planst Du für die nächsten 2-5 Jahre? Auch hier kannst Du eine Liste erstellen und überprüfen, welche Werte für Deine nächsten geplanten Aktionen wichtig sind. Welche Werte spielen in dieser Zeit eine große Rolle, welche Werte werden eher zurückstehen?
3. Was ist für Dich besonders wichtig in Deinem Leben? (Hund, Familie, Freunde, Geld, Haus...?)
4. Welcher Wert steht für Dich hinter Deinem Bedürfnis Zeit mit Deinem Hund zu verbringen?

5. Wofür gibst Du Dein Geld gerne aus?
6. Welche Werte verbinden sich mit Deiner Arbeit?
7. Worin gehst Du auf? (Projekte in der Arbeit? Zeit für die Familie? Ruhe für Dich? Energie für die Hundeerziehung?)

Lebst Du Deine Werte?

Du wirst vielleicht überrascht sein, was dabei tatsächlich rauskommt. Übrigens: Wenn es Dir sehr schwer fällt, Dich zu entscheiden, welcher Wert Dir wichtiger ist, dann frage Dich: Was genau bedeutet für mich Freiheit oder Sicherheit? Freiheit bedeutet vielleicht unabhängig und selbstständig zu sein. Sicherheit bedeutet für mich sozial gut in der Gesellschaft verbunden zu sein. Was ist dann wichtiger? Unabhängigkeit oder sozial gut vernetzt zu sein?

Der Hund als Authentizitätsbarometer

Letztendlich ist einer immer echt: Unser Hund, der uns auch gerne und direkt darauf aufmerksam macht, wenn wir unstimmig, also nicht authentisch handeln. Wir können daran wachsen und vieles lernen. Das Schöne daran ist und bleibt doch, dass uns unsere Hunde dennoch so ungeschminkt annehmen, wie wir sind und ihr Verhalten uns gegenüber gewiss an anderen Kriterien festmachen, als an Äußerlichkeiten.

Kapitel 5: Impulskontrolle...für Hund und Mensch sinnvoll

Immer wieder liest man von Impulskontrolle, wenn sich über Hundeerziehung informiert wird. Nicht nur für den Hund ist diese Kontrolle wichtig. Auch der Hundehalter kann dies erlernen und somit Erziehung und Beziehung zum Hund harmonischer gestalten.

Was ist denn überhaupt Impulskontrolle?

Der Begriff Impulskontrolle wird bei der Hundeerziehung unter anderem im Zusammenhang mit Antijagdtraining verwendet: Der Hund soll lernen, seinen natürlichen Impuls, jagen zu wollen, zu unterdrücken, beziehungsweise dieser Impuls wird umgelenkt in ein vom Halter erwünschtes Verhalten. Nun, keine leichte Aufgabe, denn Jagen ist für den Hund ganz natürlich. Dennoch sind sie fähig, dies zu lernen. Aber nicht nur beim Antijagdtraining lernt der Hund seine Impulse zu unterdrücken. Das geschieht ebenfalls beim Leinentraining (der Hund soll nicht ziehen) oder wenn beispielsweise der köstliche Wurstgeruch in die Nase zieht und der Hund dem Impuls, auf den Tisch zu hüpfen und die Wurst zu klauen, widerstehen muss.

Es gibt noch weitere Situationen, in denen der vierbeinige Freund lernt, sein Verhalten zu ändern. Was hat das aber damit zu tun, vom Hund lernen zu können? Ganz einfach: Wenn wir vom Hund verlangen, gewisse Regungen zu unterdrücken, können wir seine Lernbereitschaft als Vorbild für unsere Impulse nehmen.

Und was ist mit dem Menschen und seinen Impulsen?

Um zu verdeutlichen, was damit gemeint ist, selbst einmal auf eigene Impulse zu achten und diese zu korrigieren, hier ein Beispiel:

Der Hund hat bereits gelernt, bei Wildsicht stehen zu bleiben und nicht hinterher zu rennen. Allerdings kann er sich nicht mehr beherrschen, wenn ihm während eines Spaziergangs gleich mehrfach Hasen vor die Pfoten laufen. Beim fünften Hasen läuft der dann doch los...und die Wut des Halters wächst. Wenn der Hund dann zurückkommt, lässt der Halter ein Donnerwetter los, schimpft lautstark und lässt seiner Wut freien Lauf.

Hilft das? Nein! Der Hund lernt: Wenn ich zurückkomme, erfolgt ein Donnerwetter. Er wird also länger wegbleiben oder sich nicht trauen, zum Halter zu kommen. Vielleicht wird der Hundehalter dann noch wütender...ein Kreislauf beginnt, der wenig förderlich ist.

Als Halter übersieht man häufig, dass der Hund nur ein bestimmtes Kontingent an Impulskontrolle hat. Wird er überfordert (siehe Beispiel mit dem fünften Hasen, der ihm vor die Pfoten springt), kann er sich einfach nicht mehr beherrschen. (Das ist bei uns Menschen übrigens nicht anders – denken wir nur an Situationen, wo uns der Kragen platzt, weil wir uns zuvor lange beherrscht haben).

Das sollten wir im Hinterkopf behalten, denn sonst liegt der Fokus irgendwann nicht mehr auf den positiven Momenten, in denen der Hund stehen blieb, sondern wir richten unsere Aufmerksamkeit mehr und mehr auf das, was noch nicht gut läuft. Die Spaziergänge gestalten sich immer angespannter und die innere Anspannung des Halters überträgt sich auf den Hund.

Der Hund soll also lernen, seine Impulse besser in den Griff zu bekommen, damit in Zukunft jeder Hase hoppeln kann, ohne dass der Hund hinterher rennt. Damit das funktioniert und auch Du als Hundehalter wieder entspannt spazieren gehen kannst, hilft auch Dir die Impulskontrolle: Du spürst, wie Deine Wut wächst, also entspanne Dich.

Klingt schwer oder? Nimm Dir ein Beispiel an Deinem vierbeinigen Freund, denn auch ihm fällt das nicht leicht. Wenn er vom Jagen zu Dir zurückkommt, brauchst Du ihn weder zu bestrafen noch zu loben. Leine ihn einfach an und gehe weiter.

Merkt er aber, dass Du wieder entspannter bist, wird er besser lernen können. Zudem wird der Spaziergang auch für Dich wieder eine Wohltat sein, wenn Du lernst, gelassener zu reagieren.

Bewusst werden: Warum möchtest Du diesem Impuls nachgeben?

Wird das Wort Impulskontrolle anders definiert, könnte man das auch so sehen:

Wenn Du einmal überprüfst, warum gerade dieser Impuls in diesem Moment bei Dir geweckt wird, erfährst Du oft mehr über Dich, als Dir vorher bewusst war.

Durch den Umgang mit dem eigenen Hund kann man Selbstreflexion üben. Warum wirst Du in dieser Situation wütend? Was macht Dich wütend? Ist es tatsächlich die Reaktion Deines Hundes? Oder bist Du eher wütend auf Dich, weil Du Gedanken wie diese hast: ‚Ich schaffe es einfach nicht, den Hund gescheit zu erziehen'.

Vielleicht ist es Dir peinlich, wenn Dein Hund hingebungsvoll am Tisch bettelt, während Du mit Deinen Schwiegereltern isst. Schwiegermama ist bereits leicht pikiert und schaut Dich vorwurfsvoll an – sie mag keine Hunde. Du ermahnst

Deinen Vierbeiner, aber der lässt sich nicht beirren. Am liebsten würdest Du im Erdboden versinken, aber das geht nicht. Also ist Dein Impuls, dem Hund heftig Bescheid zu sagen – damit Schwiegermutter merkt, dass auch Du keine bettelnden Hunde magst...

Anderes Beispiel: Du genießt es, mit Deinem Hund das Bett zu teilen. Euch beiden gefällt die Nähe, die Wärme und die paar Hundehaare machen Dir nichts aus. Nun hast Du aber eine Frau/ einen Mann kennengelernt und dieser Mensch mag zwar Hunde, aber nicht im Bett. „Das ist ja eklig, wenn man in diesen Hundehaaren schläft. Und wer weiß, was noch alles an den Pfoten hängt!" Ok, Du gibst natürlich nicht zu, dass Dich all das nicht stört und schon gar nicht, dass Dein Hund in Deinem Bett schläft. Irgendwann kommt die neue Bekanntschaft zu Dir nach Hause...und sieht Deinen treuen Vierbeiner gemütlich auf dem Bett liegen. Was jetzt? Dein erster Impuls könnte sein: „Oh mein Gott! Ich muss so tun, als würde Bello das sonst nie tun!" Und es folgt: „Bello! Sag mal spinnst Du?! Runter vom Bett!"

Solche Gedankengänge verlaufen häufig unbewusst oder werden sofort wieder verdrängt. Dann wird dem Impuls nachgegeben, um die Situation zu retten – auch vor sich selbst zu retten.

Wird man sich dieser Hintergründe der Impulse bewusst, lernt man zu sich zu stehen und authentisch zu sein und zu bleiben. Impulskontrolle – zu überprüfen, warum man so und nicht anders handelt – kann also den Weg zu sich selbst ebnen.

Kapitel 6: Führen lernen

Ich weiß noch, als ich meinen ersten eigenen Hund Spike zu Hause hatte und er erstmal nur schwierig für mich war. Er war mit vier Monaten schon ein „Second-Hand-Hund“ und vermutlich hatte er auch aus diesem Grund von Beginn an eine unheimlich starke Bindung zu mir entwickelt. Als ich das Haus verließ, heulte er mir lautstark durch die Tür hinterher. Einmal als wir spazieren waren, bockte er auf dem Heimweg und ich stand ratlos da und wusste nicht mehr, wie ich ihn nach Hause bekomme.

Führen oder Ziehen?

Ich bin von Anfang an mit Spike in einen Hundeverein gegangen, wo wir zusammen(-)wuchsen. Für das Gehen an der Leine liefen wir immer im Kreis und wenn der Hund schön ging, bekam er ein Leckerli. Das war allerdings etwas öde und irgendwie hat es doch ziemlich lange gedauert, bis mein Hund dann wirklich nicht mehr an der Leine zog. Vor allem, wenn ich im Alltag spazieren war, war alles anders. Er lief dann ja auch nicht immer nur im Kreis und ich hielt ihm auch nicht immer ein Leckerli vor die Nase.

Ich versuchte also ihm das lockere Gehen an der Leine selbst auf eine andere Art und Weise beizubringen. Immer wenn er zog, blieb ich einfach stehen, bis die Leine wieder entspannt war. Dann erst ging ich weiter. Allerdings hat das einen Haken, sogar einen sehr großen Haken, denn wenn ich es nur ein einziges Mal eilig hatte und nicht stehenbleiben konnte, hatte Spike mit dem Ziehen an der Leine Erfolg. Heute weiß ich, dass er durch diese variable Verstärkung sogar noch mehr in seinem Ziehen verstärkt wurde, als wenn ich niemals diese „Übung" gemacht hätte.

Also musste eine andere Möglichkeit her, ihn vom Ziehen abzuhalten. Damals war das mit dem „Ruck-Zuck" noch angesagt, also habe ich ständig an der Leine geruckt, wenn er zu sehr zog. Doch auch die Strafe brachte keine Leinenentspannung! Er lief eher noch mehr von mir weg, was irgendwie mehr als verständlich ist. Es gibt so viele Möglichkeiten die NICHT funktionieren, wie es vermutlich Hunde gibt, dachte ich! Eigentlich will ich doch auch einfach nur entspannt spazieren gehen, dachte ich mir. Es ist gar nicht notwendig, dass mein Hund perfekt an der Leine geht, ich wünschte mir einfach, dass es entspannt funktionierte.
Eine Lösung, die das Ziehen milderte war, dass ich meinen Hund nicht mehr an der kurzen ein-Meter-Leine hielt, sondern ihm mehr Freiraum an einer längeren Leine gab.
Er war mit zunehmendem Gehorsam dann auch oft unangeleint neben mir. Das klappte dann unangeleint sogar oft besser, als mit Leine! Später lernte ich dann, dass das „einen

Hund an der Leine führen“ rein gar nichts mit dem „einen und an der Leine herumziehen“ zu tun hat.

„Im Grunde wird der Hund gar nicht an der Leine geführt, er wird mit meiner unsichtbaren Fähigkeit zu Führen geführt und die Leine ist nur das Sicherheitsnetz.“

Dieses Band verbindet uns physisch und gibt mir die Möglichkeit meinen Hund z.B. an Straßen sicher zu führen und ihn vor sich selbst zu schützen, wenn er beispielsweise über die Straße zu einer Katze rennen will.

Dann nutzte ich eine lange Leine für den Weg auf die Hundewiese und machte rein gar nichts, um meinen Hund vom Ziehen abzuhalten. Wenn die Leine gespannt war, war sie eben gespannt, oder sie war locker, - egal. Oft brauchte mein Hund auch gar keinen so großen Spielraum, da er ausreichend Bewegungsmöglichkeiten mit der langen Leine hatte. Es gab weniger Gründe an der Leine zu ziehen, da die interessanten Gerüche für ihn auch so erreichbar waren.

Wie genau sich das entwickelt hat, dass mein Hund bis heute nicht mehr zieht, kann ich Dir hier nicht mal wirklich sagen. Ich weiß aber, dass es sich einfach dadurch besserte, dass ich den ganzen Druck aus diesem Gefühl herausnahm, dass mein Hund unbedingt locker an der Leine gehen MUSS. Und das, indem ich das Gegenteil von dem tat, was ich ursprünglich wollte. Statt ihn an der kurzen Leine an mich zu schnüren, gab ich ihm noch mehr Freiraum und belohnte ihn ab und an, wenn er in meiner Nähe war. So verstärkte ich Spike variabel in dem Verhalten, was er gerne zeigte und dann öfter zeigte und jetzt immer zeigt.

Sicherlich lässt sich nicht jedes Leinentraining so einfach gestalten. Jedoch wird es Dir beim Leinentraining immer helfen Dich entspannt heranzutasten, bis das gewünschte Ergebnis erzielt wurde.

Führen lernen

Um einen Hund zu führen braucht es keine grobe (oder auch weniger grobe) Gewaltanwendung, wie Herunterdrücken, Schnauzengriff oder andere fragwürdige Techniken von anno dazumal. Das sind eher die „Führmethoden", die der Kommunikation eines cholerischen Chefs ähnlich sind. Auch wir Menschen wünschen uns lieber eine Führung, der wir gerne folgen, weil wir uns auf sie verlassen und durch das Feedback wachsen können und nicht klein gedrückt werden. Wenn Du solch eine Führung für Deinen Hund bieten möchtest, reicht es im ersten Schritt schon aus eine **klare Ressourcenkontrolle** zu wahren.

Dazu ist es wichtig, dass Du angibst, wann gespielt, gefressen und spazieren gegangen wird. Natürlich müssen dem Hund die Ressourcen so angeboten werden, dass er damit ausgeglichen leben kann. - Wenn ich einem jungen Hund nur einmal am Tag Auslauf gewähre, dann brauche ich mich nicht zu wundern, wenn er unausgeglichen ist und ggf. Verhaltensmuster entwickelt, die ich mir nicht wünsche. Es gibt viele Hunde, die nach Aufmerksamkeit heischen und zu einem aufdringlichen Kumpan werden können, wenn sie diejenigen sind, die die Ressourcen kontrollieren. Dann sind sie es die „bestimmen", wann Frauchen das Futter bereitstellt, Gassi geht oder mit ihm spielt. Auch nach dem Spielen das Spielzeug wieder wegzupacken zähle ich zur Ressourcenkontrolle. Auf diese Weise bleibt es auch viel interessanter für den Hund, als wenn alles immer zur Verfügung steht.

Wenn die Ressourcenkontrolle funktioniert, ist viel gewonnen. Der Hund lernt dabei zusätzlich, dass auf seinen Herrn Verlass ist, da er alles bekommt, ohne danach betteln zu müssen. Er wird dann auch in anderen Situationen gelassener sein, da er weiß, dass sein Herrchen oder Frauchen die Sache (für ihn) entscheidet.

Sanfte Führung

Interessant ist, dass doch oft noch kursiert, dass man sich dem Hund gegenüber Durchsetzen und ein strenger Boss sein muss.

„Wenn Du Deinen Hund sanft führen möchtest, so ist das genauso möglich."

Es ist gar nicht notwendig, dass Du laute, strenge Kommandos gibst. Wenn die Signale klar sind, dann folgt Dein Hund darauf. Unter einer sanften Führung verstehe ich auch die Entwicklung eines Handlungsrahmens für den Hund, in dem er Grenzen kennt und gleichzeitig viel Raum für sein Handeln hat. So sehe ich eine solide Grundausbildung für den Hund als Schlüssel für ein freieres Hundeleben. Dadurch kann der Hund seine Grenzen erweitern, z.B. kann er öfter frei laufen und mit zur Verwandtschaft. Er kann innerhalb seiner Grenzen im Grunde tun und lassen, was er möchte. Die Grenzen sind dann zum Beispiel eine erreichte Distanz beim Spaziergang oder ein Betteln am Küchentisch.

Jeder Hund findet „Erfüllung" in unterschiedlichen Unternehmungen. Der eine Hund liebt es mit seinem Herrchen zu spielen, der andere Hund stöbert lieber umher. Wieso nicht einmal mit dem Hund die Fährte (an der Leine) begutachten oder ihn 10 Minuten in einem Mäuseloch buddeln lassen.

Das ist doch, was ein Hundeherz höher schlagen lässt. Das ist eine Führung, wie wir sie haben, wenn der Chef uns auch „mal machen lässt" und Freiraum für unsere Ideen gibt.

Führen durch Entscheiden

Bei der Ressourcenkontrolle geht es um das Entscheiden von Zeit und Umfang der Verfügbarkeit. So bestimmen doch letztendlich wir, wann wir mit unserem Hund für wie lange spazieren gehen. Neben der Ressourcenkontrolle führen wir auch grundsätzlich durch die Entscheidungen, die wir treffen. Zum Beispiel beim Wechsel von Wegen entscheiden wir die Richtung. Vielleicht klingt das für Dich ganz banal.

„Wenn Dein Hund Dir ohne Dein Rufen folgt, wenn Du einen Weg wechselst, also z.B. abbiegst oder umkehrst, dann ist das schon Führung."

Man könnte dazu eigentlich auch non-verbale Führung sagen. Überlege einmal, wie oft Du (non-verbal oder auch verbal) entscheidest und wie oft Dein Hund Deine Entscheidung mitträgt, ohne dass Du ihn an der Leine mitzerren oder seine Einwilligung „erkämpfen" musst. Wenn ich z.B. die Autotür öffne (und ggf. noch Hopp dazu sage), springen die Hunde hinein. Die meisten Hunde schließen sich einer souveränen Führung sehr gerne an, denn sie fühlen sich sehr wohl damit.

Führung durch Anpassung „wie der Herr so's Gescherr"

Viele Hunde ähneln ihrem Halter. Und zwar nicht nur optisch, wie man es manchmal entdeckt, sondern auch nicht selten in ihrer Art des Seins. So ist ein Hund eines nervösen

Frauchens oft deutlich unruhiger, als ein Hund einer ruhigen Person. Junge Hunde können sehr alt und verlangsamt wirken, wenn sie in der Hand eines älteren Halters sind. Sie passen sich oft sehr stark an. Genau daraus entstehen auch oft die Ähnlichkeiten, die wir als Mensch bei Hund und Herr oft erkennen und nicht selten lustig finden.

„Das Schöne daran ist, dass wir durch unsere eigene Veränderung auch das Verhalten des Hundes beeinflussen."

Ist das nervöse Frauchen bewusst ruhiger, so ist auch oft der Hund ruhiger. Probiere einmal aus und beobachte Deinen Hund dabei:

1. Normales Schritttempo
2. Gaaaaanz langsames Schleichen
3. Rennen / Joggen

Um den Effekt und damit die Wirkung auf Deinen Hund zu sehen, die Dein Schritttempo bewirkt, reicht es aus, wenn Du die Schrittgeschwindigkeiten etwa über 10-20 Meter ausführst. Vielleicht bist Du erstaunt, was Dein Verhalten bei Deinem Hund auslöst.

Kapitel 7: Gemeinsam erleben – mit Hund die Welt entdecken

Gemeinsam mit dem Hund durch die Natur streifen und dabei alle Sinne einsetzen - eine Wohltat für Körper, Geist und Seele. Dein Hund nimmt die Welt anders wahr als Du und trotzdem, nein, gerade deshalb ist es sehr spannend, als Mensch-Hund-Team auf Entdeckungstour zu gehen.

Was kreucht und fleucht denn da herum?

Mit Hunden durch die Natur zu streifen ist etwas Wunderschönes. Wie viel mehr können wir Hundehalter entdecken, weil wir mit unserem Vierbeiner unterwegs sind. Nehmen wir uns Zeit für die tägliche Entdeckungstour und lassen wir uns mit allen Sinnen darauf ein, werden wir jeden Tag Erlebnisse genießen, die kein Geld der Welt ersetzen kann. Dein Hund erlebt die Natur anders als Du und durch ihn kannst Du viel kennenlernen und beobachten. Zum Beispiel schnüffelt er im Gebüsch und seine ganze Haltung zeigt Dir an, dass da irgendwas ganz Tolles sein muss – zumindest findet Dein Hund das Aufgespürte toll und spannend. Nun musst Du Dich nicht neben ihn legen und unter den Busch kriechen, damit Du siehst, was er gefunden hat. Oft lohnt es sich aber mal nachzuschauen, was der tierische Freund entdeckt hat. Bei uns beispielsweise leben die maurischen Landschildkröten in der freien Natur. Dank meiner Hündin Emma konnte ich so manches Exemplar betrachten, dass ich ohne sie gar nicht gesehen hätte.

Heute Morgen blickte Emma nach oben in den Himmel und kam schnell zu mir gelaufen. Ich schaute auch einmal hoch und sah, wie ein Steinadler seine Kreise zog. Da ich in dem Moment vor mich hinträumte, wäre mir ohne meine Hündin entgangen, dass dort ein Adler flog.

Durch sie weiß ich auch, wo sich die meisten Kaninchen tummeln und an welcher Ecke nachts die Wildschweine aus den Bergen kommen und früh morgens wieder dort zurückgehen. Ich weiß, wo sich Fuchsbauten befinden und schleicht einer noch durch die Gegend, wenn ich mit Emma spazieren gehe, zeigt sie mir den Fuchs zuverlässig an.
So konnte ich schon oft einen Fuchs beobachten, der sich weder durch mich noch durch meine Hündin gestört fühlte. Macht Emma einen Satz zurück, wenn sie in einem der hohen Grasstauden schnüffelt, weiß ich, dass sich in diesem Grasbusch eine Schlange befindet. Da ich meine Nase nicht in Grasbüsche stecke, hätte ich die vielen verschiedenen Schlangen ohne meine Hündin gar nicht entdeckt.

Die Natur spüren und riechen

Oft nehme ich einen Apfel für mich, etwas zu knabbern für Emma und Wasser für uns beide mit. Irgendwo lasse ich mich dann nieder und mache sozusagen ein kleines Picknick mit meinem Hund. Bewusst setze ich mich dabei auf den Boden und das am liebsten mitten in der Natur, umgeben von Büschen, Blumen, Sträuchern oder Bäumen. Durch den direkten Kontakt zur Erde fühle ich mich der Natur sehr nahe und oft entsteht das Gefühl, eins mit der Natur zu sein. Ich kann Dir nur den Tipp geben, bewusst mit Deinem Hund spazieren zu gehen, denn das ist meiner Meinung nach die beste Entspannungsmethode, die noch nicht einmal erlernt werden muss. Einfach nur wahrnehmen, was da alles so ist. Den Boden spüren, vielleicht die Erde oder das Gras anfassen. Die Gerüche auf sich wirken lassen oder auch bewusst an Pflanzen und Blüten schnuppern. Lehne Dich an einen Baum, schließe die Augen und versuche zu spüren, welche Kraft und Energie von diesem wunderbaren Baum ausgeht.

Lass Dich auch einmal auf Deinen Hund ein

Dein Hund soll wahrscheinlich nicht jagen und ohne Dich durch Wald und Flur laufen. Du kannst Dich jedoch ein bisschen auf ihn einlassen und gemeinsam mit ihm auf Spurensuche gehen. Falls Dein Hund ein leidenschaftlicher Jäger ist, leine ihn an und folge ihm. Warum soll man als Mensch nicht einmal dort hingehen, wo der Hund gerne hingehen möchte? Lass Dich ein und Deine Bedenken los und folge ihm einfach. Verlasse einmal die ausgetretenen Pfade und schlage neue Wege ein.

Wohlgemerkt: Ich rede nicht davon, mit dem Hund auf Jagd zu gehen, wenn Du kein Jäger bist! Es dürfte ebenso selbstverständlich sein, dass bei jeder Tour respektvoll mit Flora und Fauna umgegangen wird!

Da, wo es möglich ist, lässt Du Dich einfach mal eine kurze Strecke von Deinem Hund führen. Solltest Du Matsch,

Pfützen und Schmutz fürchten, dann ziehe Dir entsprechende Kleidung an und lass Dich auf das kleine Abenteuer ein. Falls Du Lust bekommen hast, die Spaziergänge anders zu gestalten und gemeinsam mit Deinem Hund auf Entdeckungstour gehen möchtest, dann gibt es an dieser Stelle eine kleine Aufgabe:

Schreibe in den nächsten Tagen eine Art Tagebuch, bestenfalls direkt nach der Entdeckungstour. Berichte über Deine sinnlichen Erlebnisse und darüber, wie Du diese Touren erlebt hast. Hat sich Dein Hund anders verhalten? Konntest Du Neues entdecken und wahrnehmen, in der Natur, aber auch in Dir?

Sei gespannt, was diese Touren mit Dir machen – denn nach einer Weile wirst Du nicht mehr genug davon bekommen können.

Kapitel 8: Wahrnehmung schulen

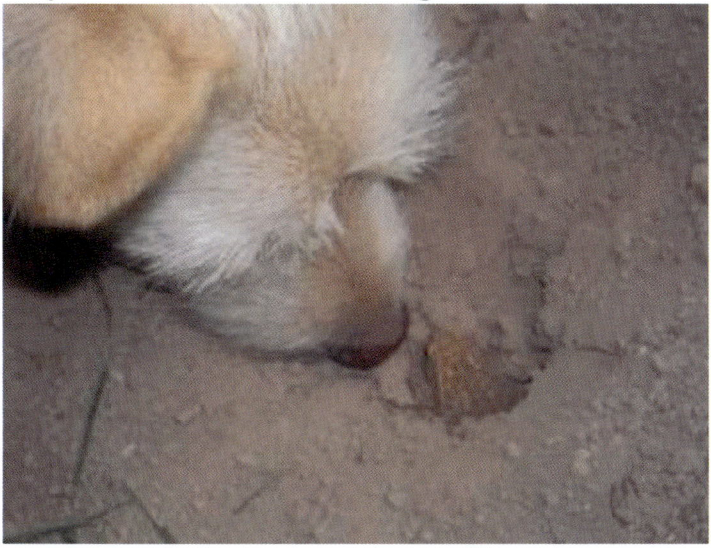

Mit und dank Deinem Hund kannst Du Deine Wahrnehmung trainieren. Zum einen hilft Dir das dabei, Deinen Vierbeiner besser zu verstehen und auf ihn einzugehen und zum anderen wirst Du Deine Umwelt und Dich neu entdecken.

Was nimmt Dein Hund wahr – lass' Dich auf seine Sinne ein

Einige Sinne sind beim Hund stärker ausgeprägt als beim Menschen. Lässt Du Dich auf die Sinne Deines Hundes ein, wirst Du oftmals erstaunt sein, was er wahrnimmt und was Du ohne ihn nicht wahrgenommen hättest.
Die Ohren Deines Vierbeiners nehmen höhere Frequenzen wahr als Du. Zudem kann er seine Ohren als eine Art Radar nutzen, denn seine Ohrmuscheln sind im Gegensatz zu den menschlichen Ohrmuscheln beweglich. Er wird häufig Geräusche wahrnehmen, die Du gar nicht hören kannst.

Die Sehschärfe ist zwar beim Menschen besser, aber dafür nimmt der Hund Bewegungen besser wahr. Außerdem ist sein Sichtfeld größer als beim Menschen. Zudem sehen Hunde die Farben anders. Ihr Farbsehen ist in etwa mit der Rot-Grün-Blindheit von Menschen vergleichbar: Wirft der Mensch einen roten Ball auf eine grüne Wiese, wird dieser Ball vom Hund schwer zu sehen sein. Die Farben Rot und Grün werden vom Hund als Grau wahrgenommen.

Der Geruchssinn des Hundes ist millionenfach stärker ausgeprägt, als der des Menschen. Der Hund besitzt wesentlich mehr Riechzellen und somit ist er in der Lage, feinste Gerüche herauszufiltern. Ein YouTube-Video stellt die Geruchswelt des Hundes sehr gut dar. Wenn Du Lust hast, schaue einmal auf YouTube nach: „How do dogs see with their noses?“ von Alexandra Horowitz.

Alleine diese drei Sinne werden Dich mehr wahrnehmen lassen, wenn Du Dich sozusagen von Deinem Hund leiten lässt. Beobachte Deinen Hund beim Spaziergang und schaue, rieche oder höre einmal ganz genau und konzentriert, wenn er ein Signal, eine Bewegung wahrgenommen hat oder seine Nase schnüffelnd in die Luft streckt.

Es ist uns Menschen natürlicherweise nicht immer möglich das wahrzunehmen, was unser vierbeiniger Freund wahrnimmt. Trotzdem ist es spannend, wenn Du aufmerksamer wirst und Deinen Hund beobachtest: Warum hat er seine Ohren gespitzt? Welches Geräusch mag er gehört haben? Was riecht da so toll? Von welchem Tier hat er die Spur aufgenommen? Welche Bewegung nahm er wahr? Sitzt da ein Hase im Busch, von dem Du noch nicht einmal etwas geahnt hättest? Nähern sich gerade Artgenossen oder warum hat sich das Verhalten, die Körperhaltung, die Ohrstellung usw. geändert?

Körpersprache wahrnehmen und zwar Deine

Dein Hund spricht eine andere Sprache als Du, aber er kann Dich anhand Deiner Körpersprache lesen. Umgekehrt wirst auch Du die Körpersprache Deines Hundes lesen können, wenn Du Deine Wahrnehmung trainierst.
Eigentlich könntest Du jedes Wort weglassen, wenn Du mit Deinem Hund agierst. Und oftmals sind Kommandos für den

Hund deshalb verwirrend, weil Wort und Körpersprache des Menschen nicht übereinstimmen. Oft ist uns aber auch gar nicht bewusst, dass wir mit unserer Körpersprache falsche Signale senden.

Dein Hund hat Deinen Rückruf missachtet und nun schimpfst Du mit ihm, vielleicht mit lauter Stimme, damit er Dich ernst nehmen soll. Deine Körperhaltung, Deine Gesten verraten ihm jedoch Deine Unsicherheit. In einem Hunderudel könnte ein unsicherer Hund niemals die Führung übernehmen, weil die Hunde sich auf ihn nicht verlassen könnten.

Oder, Du bist wütend, weil Dein Hund mal wieder Hasen gejagt hat. Du hast Dir aber fest vorgenommen, nicht mehr zu schimpfen, da die ganze Schimpferei nichts am Jagdtrieb ändert. Dein Hund ist vielleicht etwas sensibel und unterwirft sich direkt, wenn Du wütend bist. Jetzt kommt Dein Jäger also zurück, Du reißt Dich zusammen und behältst Deine Schimpftiraden für Dich. Es mag Dich wundern, dass sich Dein Hund trotzdem flach auf den Boden legt und anschließend in geduckter Haltung hinter Dir her schleicht. Er hat Deine Wut gespürt, zum einen an Deiner Körpersprache und zum anderen nimmt Dein Hund die Botenstoffe wahr, die mit jeder Emotion ausgeschieden werden.

Du kannst Dich nicht verstellen, Dein Hund merkt es sowieso. Beim täglichen Umgang mit Deinem Hund kannst Du aber Deine Wahrnehmung schulen, indem Du ganz bewusst Deine Körperhaltung, Deine Gesten, Deine Mimik usw. beobachtest.

Wahrnehmung trainieren und Körpersprache Deines Hundes lernen

Dein Hund ist genauso wenig in der Lage, seine Körpersprache zu verstellen. Ist er aufgeregt, zeigt sich das in seiner Körperhaltung, die eine andere sein wird, als in entspannter Situation. Er zeigt durch verschiedene Signale an, ob ihm etwas gefällt oder nicht, ob er Angst hat, beschwichtigen möchte oder angreifen will. Das Wedeln wird fälschlicherweise häufig als Ausdruck der Freude gedeutet. Dieses Wedeln kann aber auch Aufregung im negativen Sinne bedeuten. Ein kurzes Schlecken mit der Zunge übers Maul zeigt Anspannung, Widerwille, beispielsweise weil dem Hund gerade auf den Kopf getätschelt wird. Obwohl er anzeigt, dass ihm das nicht gut tut und auch nicht gefällt, wird munter weiter getätschelt.

Indem Du lernst, die hündische Körpersprache und die individuelle Körpersprache Deines Hundes zu deuten, wirst Du viel mehr wahrnehmen und so manche böse Konfrontation mit anderen Hunden vermeiden können.

Wahrnehmung – oft nehmen wir nur das wahr, was wir wahrnehmen möchten. Zum Beispiel die Hundehalterin, die ihren Hund so gerne spielen sieht. Der Hund rennt wie ein Weltmeister, wenn er auf größere und wild spielende Artgenossen trifft und Frauchen ist entzückt, dass ihr Hund so wunderschön spielt. Sie nimmt nicht wahr, dass ihr Hund wie ein Weltmeister versucht, vor dem anderen Hund wegzurennen. Er empfindet das nicht als lustiges Spielchen, aber er hat auf der eingezäunten Freilauffläche kaum Chancen, diesem rüpelhaften Artgenossen zu entkommen. Auf Frauchen ist auch kein Verlass, da sie gar nicht merkt, wie es ihrem Hund geht. Sie nimmt einen fröhlich laufenden Hund wahr, der mit einem Artgenossen um die Wette rennt. Sie nimmt nicht wahr, dass ihr Hund gar nicht locker entspannt läuft.

Im täglichen Umgang mit Deinem Hund kannst Du Deine Wahrnehmung bestens schulen. Beobachte Deinen Vierbeiner genau und im Detail und nicht nur oberflächlich. Beobachte, wie er auf Dich, Deine Sprache, Deine Stimme reagiert. Nehme wahr, wie sich die Körperhaltung und –spannung verändert, wenn Du Dich entspannst oder anspannst.

Es sind meistens die kleinen Signale, die Deinen Blick auf Dich, den Hund und die Umwelt ändern können. Lass´ Dich darauf ein, vom Hund und seinen Sinnen zu lernen und lass´ Dich darauf ein, die Körpersprache Deines treuen Freundes zu lernen.

Beobachte:

- Warum bellt Dein Hund? Was möchte er Dir zeigen?
- Welche Spur hat Dein Hund aufgenommen? Gehe ruhig ab und zu mit ihm die Spur nach – so lernst Du einiges mehr über die Natur kennen.
- Weshalb spitzt Dein Hund die Ohren? Kannst Du das Geräusch auch hören, das er wahrnimmt?
- Wie verändert sich die Körperhaltung, die Ohrstellung, die Rutenhaltung Deines Hundes, wenn er einen Artgenossen riecht, hört oder sieht? Sind diese Signale immer gleich oder verändern sie sich je nach Hund und Situation?
- Wie zeigt Dir Dein Hund, wenn er spielen möchte und welche Signale sendet er bei Unsicherheit oder Angst aus?
- Wie verändert sich Deine Körperhaltung, Deine Sprache, Deine Gesten, wenn Du einen fremden Hund siehst? Sind diese Signale immer gleich oder verändern sie sich je nach Hund und Situation?
- Wie reagiert Dein Hund auf Dein Verhalten?
- Wie reagierst Du auf das Verhalten Deines Hundes?

Kapitel 9: Vertrauen und Bindung

Oft wird in der Hundeerziehung von der Bindung zwischen Hund und Halter gesprochen. Wenn der Hund nicht folgt heißt es dann oft schnell „ihr müsst an eurer Bindung arbeiten.“ Aber was genau ist denn eigentlich diese Bindung und wie kann ich die Bindung zwischen mir und meinem Hund verbessern?

Die physikalische Bindung

Wenn ich im Internet nachlese ist Bindung eigentlich immer etwas, das den einen Teil mit einem anderen Teil verbindet. Physikalisch binde ich z.B. meine Ski mit einer Schnalle an meine Skischuhe. Die Bindung ist hier also diese „Schnalle“. Jetzt könnten wir ja so gesehen sagen, dass die Leine die physikalische Verbindung zwischen uns und unserem Hund ist. Wobei diese Antwort Dir bestimmt nicht reicht, weil Du und ich ja wissen, dass eine physikalische Bindung nicht das ist, was eine „gute Bindung“ zwischen Mensch und Hund ausmacht.

Die soziale Bindung

Da wir hier keine rein physikalische Lösung suchen, sondern es um eine Bindung im sozialen, emotionalen Sinne handelt, müssen wir uns nochmal genau anschauen, wie diese aufgebaut werden kann. Die Sozialstruktur, in der wir mit unseren Hunden leben, ist so gestaltet, dass unsere Vierbeiner, wie auch unsere Kinder, von uns erstmal abhängig sind. Sie brauchen Essen, Trinken und soziale Zuwendung. Letztere ist sogar von überlebenswichtiger Bedeutung für Mensch und Hund. Wer sozialen Entzug erleben muss, leidet an massiven Deprivationserscheinungen, d.h. Mensch oder Hund können ab einem gewissen Grad des sozialen Entzugs, der den Beginn des Lebens begleitet, nicht mehr mit anderen Sozialpartnern zusammenleben. Versuche mit Säuglingen zeigten sogar, dass diese ohne soziale Zuwendung sterben, auch wenn sie mit allen notwendigen Dingen, wie Essen und Trinken versorgt sind. Wie wichtig die Beziehung von sozialen Wesen ist, zeigen auch die furchtbaren Kaspar-Hauser-Experimente, bei denen durch Erfahrungsentzug deutlich gemacht wurde, welche Verhaltensweisen geerbt und welche sozial erlernt werden.

Wenn wir diese Bedeutung betrachten, so wird eigentlich schnell klar, dass soziale Wesen sich gerne sozial binden, da es ihnen so einfach besser geht. Mein Vater sagt immer, dass selbst wenn man nur Ärger mit seinen Mitmenschen (hier: sein Haushalt mit vier Frauen) hat, ist selbst das sogar besser, als gar keinen Kontakt zu Menschen zu haben...

Was genau bindet Hund und Halter aneinander?

Wir geben unserem Hund zu fressen, zu trinken, geben dem Hund Zuwendung in Form von Streicheleinheiten und Ausgleich durch Spiel und Sport. Diese Bindung ist dann allerdings dadurch gegeben, dass der Hund auf uns angewiesen ist, um an seine Ressourcen, also Futter, Wasser, Zuwendung, Spiel etc. zu gelangen. Schon die Ressourcenkontrolle durch den Menschen bindet den Hund auf mehr oder weniger natürliche Art und Weise an uns.

Wünschenswert ist jedoch zusätzlich eine Bindung, die noch mehr auf beiderseitigem Wunsch hin erfolgt und die das Zusammenleben von Mensch und Hund bereichert.
Das heißt, alles, was wir als Mensch-Hund-Team gemeinsam bewältigen, fördert das gegenseitige Vertrauen und stärkt somit die Bindung. In der Umsetzung sind das oft Situationen, die einfach so entstehen und die uns vielleicht sogar etwas herausfordern.

Zum Beispiel trage ich auf unserem Weg ins Waldnaabtal in der Oberpfalz meinen Spike über eine Brücke, da der Boden komplett aus grobem Gitter besteht. Mein Hund vertraut mir in diesem Moment, in dem ich ihn auf dem Arm über die etwa 10 Meter lange Brücke trage und er durch die Maschen im Boden und seitlich den Fluss entlangsausen sieht. Der Erfolg am Ende wieder frei zu laufen ist für Spike die beste Belohnung für die Bewältigung dieser Situation.

Es gibt immer wieder Situationen, in denen Hunde unsicher werden können, z.B. an Silvester oder bei der Begegnung mit einem ganzen Hunderudel, mit fremden Menschen oder in Schreckmomenten. In diesen Situationen kannst Du Deinen Hund unterstützen indem Du einfach bei ihm bist. Du kannst ihn schützen und bestimmte Situationen mit ihm gemeinsam umgehen oder bewältigen.

„Je besser sich Mensch und Hund kennenlernen, desto besser können Sie sich gegenseitig einschätzen. Wir werden beide für den anderen berechenbar.“

Das bedeutet allerdings, dass es einige Zeit dauert bis wir einander richtig einschätzen können und kennenlernen. Nach einigen Jahren die ich Spike immer an der Leine am Rad führte, bemerkte ich, dass ich ihn gar nicht an der Leine führte, sondern er hauptsächlich auf meine Signale achtete, wenn wir anhielten, losfuhren oder abbogen. Das Geniale daran war die Entdeckung, dass die Leine nur das Sicherheitsnetz war. Alles andere funktionierte auf einer anderen Ebene, nämlich der Ebene der Bindung und des Vertrauens. Ich ließ ihn dann mal an einer sicheren Stelle von der Leine, testete die Signale und fuhr mit meinem Hund ab diesem Zeitpunkt ohne Leine am Rad. Selbst bei Pfosten, wo er sonst außen herum hätte laufen können, hielt er sich auf meiner Seite, weil das früher mit Leine ja nicht anders ging. Zuletzt traute ich mich sogar mit ihm über die große Kreuzung über die Ampel zu radeln. Es war völlig egal, ob ein Hund, eine Katze oder sonst etwas Interessantes auf der anderen Straßenseite war. Es war ihm in Fleisch und Blut übergegangen am Rad zu bleiben, es war Vertrauen und gewissermaßen auch Routine geworden und es hat *immer* funktioniert.

Bitte taste Dich bei so einer Übung sehr vorsichtig heran! Du entwickelst mit der Zeit ein Gefühl dafür, wann Du Dich auf Deinen Hund verlassen kannst und ihr ausreichend aufeinander eingespielt seid.

Bei der Brücke ist es der Hund der mir vertraut, beim Radfahren ist es mehr das Vertrauen, dass ich meinem Hund entgegenbringe.

Ich erzähle Dir diese Anekdoten um Dir Beispiele dafür zu geben, wie weit das Vertrauen und die Bindung zwischen Mensch und Hund gehen kann, wenn sie einmal funktioniert. An diesem Punkt ist es auch ein Leichtes zu verstehen, warum die Arbeit von Blindenführhunden so gut und zuverlässig funktioniert. Dabei ist es auch bemerkenswert zu sehen, dass der Kern der Aufgabe darin bestehen muss, den sehbehinderten Menschen mit (s)einem Hund zusammenzuführen.

Vielleicht fallen Dir gerade Situationen ein, in denen Du Deinem Hund vertraust und Dein Hund Dir vertraut?

„Vertrauen ist wechselseitig. Und manchmal fällt mir auf, dass es mir oft schwerer fällt meinem Hund zu vertrauen, als er mir…"

Aus heutiger Sicht gibt es für mich zwei wesentliche Punkte, die eine starke Mensch-Hund-Bindung unterstützen. Erstens, die Hundeleine dient nur als Sicherheitsnetz, der Hund wird immer so trainiert, dass er nur durch Gesten, Sprache und Körpersignale geführt wird. Zweitens, die Hundeerziehung sollte so weit wie möglich hauptsächlich auf der Basis positiver Verstärkung erfolgen. Das Lernen erfolgt so auf einer emotional sehr positiv aufgeladenen Stimmung, die sich auf alles umliegende, eben auch auf den Hundehalter/die Hundehalterin, sowie die Mensch-Hund-Bindung überträgt.

Auch Grenzen sind übrigens für den Hund ein Mittel, das Hund und Halter bindet. Mehr dazu im nächsten Kapitel.

Wenn Du Dich mit Deinem Hund beschäftigst, mit ihm klar kommunizierst, für ihn da bist und ihm seine Ruhe und Freiräume gibst, entsteht nach einiger Zeit eine Vertrauensbasis und eine Mensch-Hund-Bindung. Hundesport und insgesamt gemeinsame Aktivitäten unterstützen euch dabei schneller zusammenzuwachsen.

Noch ein Hinweis:

Vertrauen hat auch viel mit unseren Gedanken zu tun.

In welchen Situationen mangelt es Dir an Vertrauen zu Deinem Hund? Welche inneren Bilder sind dann in Deinem Kopf?

Innere Bilder (Gedanken, Vorstellungen, Überzeugungen) bewirken bei Dir entsprechende Emotionen. Dein Hund spürt diese Emotionen und reagiert darauf.

Achte einmal auf Deine inneren Bilder und forme Sie bewusst in vertrauensvolle Bilder (Gedanken, Vorstellungen) um.

Kapitel 10: Regeln und Konsequenzen

Die Hundewelt hat sich verabschiedet vom Bild des Herrchens, der alles bestimmt und den Hund rau unterordnet. Längst schon sind wir angekommen zu sagen, dass Mensch und Hund in einem Sozialverband leben und nicht in einem Rudel. Es wird vielmehr auch von Signalen gesprochen als von befehlenden Kommandos. Die positive Verstärkung erhielt Einzug in die Hundeerziehung, das Stachelhalsband ist verboten. Doch ist diese „freie Hundeerziehung" nicht vielleicht sogar eine Gefahr, sodass der Hund dann tut und lässt, was er will?

Wozu Regeln nützlich sind

Allgemeine Regeln im Haushalt sind für den Hund nicht nur sinnvoll, sondern notwendig, damit das Zusammenleben klappt. Schwierig wird es für den Hund oft dann, wenn ein Haushaltsmitglied z.B. verbietet, das der Hund aufs Sofa darf und das andere Haushaltsmitglied ihm das erlaubt. Entweder lernt der Hund durch Unterscheidung, wann er darf und wann nicht, oder es entsteht Unsicherheit durch die unklare Kommunikation. Dann wird er das eine Mal liegen bleiben dürfen, das andere Mal wird er vom Sofa verbannt.

Genauso ist es beim Betteln am Tisch und beim Anspringen bei Besuchern. Manche finden das schön und freuen sich über die Begrüßung, andere hingegen gar nicht. Und wenn der Hund das sonst immer darf und plötzlich gemaßregelt wird? Dann kann es sein, das er irgendwann die Welt nicht mehr versteht…

Wenn wir klare Regeln im Haushalt einführen, dann weiß der Hund genau, welches Verhalten gewünscht und welches Verhalten unerwünscht ist.

„Statt Regeln als einschränkende Maßnahmen zu sehen, können wir erkennen, dass wir es unserem Vierbeiner mit Regeln sogar einfacher machen, unsere Welt zu verstehen."

Wie sonst soll der Hund verstehen, was wir meinen?

Wenn Regeln nicht eingehalten werden

Wenn für den Hund gelernte Regeln gebrochen werden, muss auch eine Konsequenz erfolgen.

Dabei ist es zum einen wichtig, dass das Timing der Konsequenz gut ist und der Hund den engen zeitlichen Zusammenhang zwischen Verhalten und Konsequenz richtig verknüpft (Kontiguität). Zum anderen ist es bedeutsam, dass auf das ungewünschte Verhalten immer die gleiche Konsequenz erfolgt. (Kontingenz)

Schon hier zeigt es sich, dass dabei wirklich alle Haushaltsmitglieder eingeweiht sein und mitmachen müssen, damit die Regeln wirklich funktionieren und vom Hund verstanden werden.
Zum Beispiel das Betteln am Tisch: Der Hund wird ab Beginn (Kontiguität) des Verhaltens immer und von allen am Tisch sitzenden ignoriert (Kontingenz).

Ressourcenkontrolle oder Macht des Menschen?

Vor allem die Ressourcenkontrolle spielt bei den Regeln im Haushalt eine große Rolle. Das bedeutet, dass der Mensch angibt, wann es etwas zu Futtern gibt, wann der Spaziergang gemacht und wann gespielt wird. Liegen Spielsachen ständig herum oder wird z.B. immer nur gespielt, wenn der Hund dazu auffordert, so können unangenehme Verhaltensweisen entstehen, die vom Stupsen am Arm über Brummeln bis hin zum frustrierten Bellen reichen können. Und dieses Verhalten dann wieder umzukehren erfordert hartnäckiges Ignorieren oder auch Bestrafung.

Auch hier tun wir unserem Hund keinen Gefallen, wenn wir auf seine Aufforderungen nachgeben. Das Spielzeug kommt, wenn wir es einplanen. Der Spaziergang wird auf unseren Aufruf hin gestartet. – Natürlich sollten wir nicht so lange warten, bis der Hund ganz dringend muss, und sich dann tatsächlich melden muss, damit er nicht ins Haus macht. Doch grundsätzlich versteht der Hund durch unsere Organisation, dass er sich nicht selbst darum kümmern muss und er alles bekommt, was er braucht. Dadurch wird der Hund meist gelassener, entspannter und auch sicherer, da es einen regelmäßigen Ablauf am Tag gibt.

Ressourcenkontrolle hat für den Hund folglich mehr mit Entspannung, als mit Machtgehabe des Menschen und Unterdrückung zu tun. Die Vermenschlichung führt leider oft dazu, dass wir nicht sehen, was für unseren Hund manchmal viel besser/verständlicher ist.

Das Gold der täglichen Routine

Routinierte Abläufe können unseren Hund noch sicherer im Alltag machen. Was könnten solche Routinen oder Rituale sein? Zum Beispiel das Absitzen vor dem Fressen, gleichbleibende Abläufe vor dem Spaziergang z.B. das Wort „Anziehen" bevor der Hund sein Geschirr übergestülpt bekommt oder mein Lieblingssignal „Nase weg" bevor die Kofferraumklappe runtergeht.

Genauso können gewisse Haltesignale beim Spaziergang für Sicherheit und auch geistige Auslastung des Hundes sorgen, denn er muss ja dabei mitdenken. Diese Signale können mit und ohne Leine geübt werden. Viele Hunde zeigen nach wenigen Wiederholungen auf dem täglichen Spaziergang das Verhalten ohne Signal und auch ohne Leckerlis. Es ist eben einfach der alltägliche Ablauf geworden.

„Der Hund lernt sehr gut durch immer gleiche, regelmäßig wiederkehrende Abläufe. Er wird dadurch sicher und über seine Sicherheit wird er selbstbewusst."

Durch Routinen werden vor allem wir als Halter vorhersehbar für unseren Hund und auf einmal ist der Alltag ganz klar strukturiert und entspannt.

Bei einem klaren Tagesablauf denke ich sofort auch an Kinder. Auch für Kinder ist es sehr wichtig einen Rhythmus im Tag zu erkennen. Vielleicht fällt auch Dir gerade so eine Szene aus Deiner Kindheit ein. Bei mir war das immer so, dass wir Kinder die Zähne geputzt und unseren Schlafanzug angezogen haben mussten, bevor wir mit einem Stofftier zu den Eltern ins Wohnzimmer liefen, um unsere Gute-Nacht-Geschichte abzuholen. Und das jeden Abend, wochen-, monate-, jahrelang, bis wir eben groß waren...

Routinen und Rituale tuen uns allen sehr gut. Leider gehen uns als Erwachsene diese wertvollen Abläufe immer mehr verloren. Eines, was einigen von uns vielleicht dazu einfällt, ist der regelmäßige Kaffee am Morgen. Es ist manchmal schön, wenn wir wissen, was als Nächstes kommt bzw. wenn wir wissen, worauf wir uns als nächstes freuen können, oder? Auch in Firmen könnten gemeinschaftliche Rituale viel mehr eingesetzt werden. Dieses mächtige Instrument kann in sehr vielen Bereichen sehr wertvoll eingesetzt werden, doch leider wird es meist nicht einmal wahrgenommen.

Welche Routinen führst Du täglich oder zumindest regelmäßig aus? Viele von uns haben vielleicht im Bad am Morgen ihren immer gleichen Ablauf. Möglicherweise sortierst Du Deine Unterlagen immer auf dieselbe Art und Weise oder putzt die Wohnung in der immer gleichen Abfolge?

Wähle eine Routine oder ein Ritual,

... das Du jeden Tag ausführst und mindestens einen Monat lang täglich wiederholen kannst. Warum so lange? 30 Tage sind in etwa die Zeit, in der sich neue Gewohnheiten festigen. Je länger, desto stabiler bleibt diese Gewohnheit erhalten.

Beispiele:

- Falls Du manchmal nicht so gut einschläfst, dann probiere doch einmal ein für Dich passendes Ritual aus, dass Du immer machst, bevor Du wirklich müde ins Bett fällst. Z.B. eine Tasse Tee trinken, ein Kapitel im Buch lesen und dann ins Bett gehen o.ä.

- Wenn Du etwas fitter werden möchtest, dann kannst Du Dir z.B. vornehmen 30 Tage lang jeden Morgen fünf Sport- oder Dehnübungen Deiner Wahl zu machen. Du wirst am Anfang vielleicht denken, dass Du bei so wenig Zeit und so wenigen Übungen das Ganze auch sein lassen kannst.
- Doch beobachte Dich einfach einmal. Es ist erstaunlich wie fit, dehnbar oder stark Du in so einer kurzen Zeit werden kannst, wenn Du wirklich täglich ein bisschen Energie investierst.
- Natürlich kannst Du Dir auch ungeliebte Routinen in der gleichen Weise abgewöhnen. Du kannst es z.B. 30 Tage lang auch ohne Knabbereien vor dem TV versuchen, 30 Tage lang keine ungesunden Lebensmittel mehr kaufen oder 30 Tage keinen Kaffee mehr trinken.

Vielleicht wird Dir durch ein eigenes Ritual bewusst, wie schön es für einen Hund ist, seinen Rhythmus im Tagesablauf zu finden. Es gibt Sicherheit, Klarheit und Entspannung, Dinge, die uns Menschen und unseren Hunden eigentlich immer gut tun.

Schau einfach, wie es Dir mit Deinem Ritual geht. Gewohnheiten sind mächtig, eben nicht nur beim Hund. ;-)

Kapitel 11: Fehler zulassen

In einer Welt, in der von uns immer schnellere und perfektere Arbeit und perfektes „Sein“ gefordert wird, werden Fehler selten zugelassen. Neulich erst hat mir ein Bekannter von einem Job-Interview erzählt, wo ihm der potentielle Arbeitgeber als Erstes zwei Regeln des Unternehmens deutlich machte, die da lauten:

1. Projekttermine werden strikt eingehalten!
2. Es gibt keine Entschuldigung für Fehler!

Mit einer solchen Philosophie ist es sicher [Vorsicht Ironie] sehr angenehm dort sein Leben zu verbringen, um zu arbeiten...

Doch nicht nur in der Berufswelt weht ein rauer Wind zum Thema „Fehler machen“. Egal, ob es das Kind ist, das endlich ruhig sein soll, andere Menschen, - selbst unsere Partner, die nicht perfekt Autofahren oder eben unser Hund, der sich nicht 100%ig so benimmt, wie wir uns das in unserer perfekten Welt manchmal so vorstellen.

Gerne möchte ich Dich auf einen Ausflug auf die andere Seite der „Fehler-Medaille“ mitnehmen.

Missverständnisse aufdecken

Gerade wenn der Hund bellt, wenn es klingelt oder der Hund knurrt, wenn ein anderer Hund ihm zu nahe kommt, neigen wir schnell dazu den Hund zu vermenschlichen. Wenn der Hund bellt, wird schnell „Pschscht Bello“ gesagt, dabei melden Hunde auch, wenn ein Einbrecher am Werk ist, dann ist das Bellen auf einmal wieder gut.

Oder wenn der Hund knurrt, werden Hunde oft gemaßregelt, wie kleine Kinder. Dabei sind diese Ausdrucksformen des Hundes in diesen Situationen meistens ganz natürlicher Art.

„In Situationen wo wir als Mensch sagen würden „Lass mich in Ruhe“, knurrt der Hund eben, um den anderen auf Abstand zu halten.“

Wenn wir nun beginnen unserem Hund diese natürlichen Verhaltensweisen abzugewöhnen, weil „man das ja nicht tut“, dann bekommen wir nicht etwa unser erwünschtes Ergebnis, sondern meist sogar noch erheblich größere Probleme. Denn dann wird z.B. nicht mehr geknurrt, wenn der Hund vom Nachbarskind geärgert wird, dann wird möglicherweise direkt zugebissen.

Jeden Tag kannst Du viele kleine Missverständnisse zwischen Hund und Mensch beobachten. Auf der Hundewiese, in Cafés in der Stadt oder auch auf dem Hundeplatz.

Ich kann derzeit viele Missverständnisse zwischen Mensch und Hund im Büro erleben, wo links und rechts Hunde herumliegen. Eine Mitarbeiterin füttert immer wieder unsere Bürohunde und wundert sich dann, warum die Hunde sich gar nicht entspannen können.

Ganz einfach: Die Hunde wollen nicht das nächste Leckerli verpassen, außerdem könnte es sein, dass ein Leckerli von einem anderen Hund weggenommen wird.

Dass der Hund einmal mit Erfolg, einmal mit Misserfolg bettelt, führt sogar dazu, dass er noch mehr bettelt, als würde er immer oder nie etwas bekommen. – Das Geheimnis der variablen Verstärkung lässt grüßen.

Allein das Aufdecken dieser Missverständnisse bzw. Kommunikation zwischen Mensch und Hund hilft oft schon, damit der Mensch in diesem Moment keinen „Fehler beim Hund" sieht, sondern die Zusammenhänge versteht.

Fehler im Hundetraining sind wertvolle Lernquellen

Ob wir unserem Hund eine Aufgabe richtig beigebracht haben oder nicht, sehen wir daran, ob unser Hund bei einer Übung einen „Fehler macht“ oder nicht. Nichts ist wertvoller als Fehler! Da weiß man doch genau, wo man nachjustieren kann. Jeder von uns hat schon die Erfahrung mit Fehlern gemacht. Manchmal kann ein Fehler auch richtig „schmerzhaft“ sein.

Anstatt jetzt aber zu denken, „oh weh, ein Fehler, wie verstecke ich den am besten“ oder „so ein Mist, jetzt denken alle, ich kann nichts etc.“ kannst Du Dir aber auch denken „oh, nicht so toll, aber das passiert mir jetzt sicher nicht noch einmal“.

„Wenn Du Fehler generell als etwas Wertvolles ansiehst, wirst Du erstaunt sein, wie Dich diese Energie vorwärtsbringt.“

Im Hundesport gibt es ja auch so „Cracks“, die schon so viel Übung mit ihrem Hund haben, dass sie bei neuen Übungen direkt alles so gestalten, dass der Hund sofort alles richtig umsetzt. Bei einem Seminar habe ich dann erlebt, dass der Trainer als Letztes den Hund **bewusst** in einen Fehler geführt hat, damit der Hund daraus lernen kann. Der Fehler war also ganz gezielt Bestandteil des Trainings, damit der Hund diesen Fehler nicht aus Versehen bei der Prüfung macht. Ist doch interessant, nicht?

Die Folgen blockierter Fehler

Wenn wir Fehler blockieren, bremsen wir unser Lernpotential und damit unsere Entwicklungsmöglichkeiten. Ein ganz simples Beispiel dazu ist das Laufen lernen. Stell Dir doch einmal vor, jedes Mal, wenn ein Kind runterplumpst, weil es den Fuß zu schräg aufgesetzt hat, wird es gemaßregelt.

Stell Dir noch weiter vor, das Kind würde nach drei Versuchen aufgeben, weil es Angst hat wieder einen „Fehler“ zu machen. Der Mensch würde dann heute wohl nicht auf zwei Beinen gehen.

„Es sind gar nicht die Fehler, die schlimm sind, sondern oftmals nur unser Umgang damit durch die Bedeutung, die wir den Fehlern zuschreiben.“

Betrachte Fehler eher als Lernschritte ins nächst höhere Level in Deiner Entwicklung. Jeder Fehler lehrt uns, wie wir uns verbessern können. Im NLP (Neurolinguistischen Programmieren) gibt es eine Grundannahme die sogar lautet: „Es gibt keine Fehler, es gibt nur Feedback.“ Irgendwie entspannend zu wissen, dass alles was wir tun dann im

Grunde weder falsch noch richtig ist, sondern nur das Feedback unterschiedlich ausfallen kann.

Umgang mit Fehlern

Nimm Dir einmal fünf Minuten Zeit und überlege Dir aus welchen Fehlern Du bisher viel lernen konntest? Vielleicht fällt Dir sofort eine Situation ein, die vielleicht nicht so angenehm war, Du aber langfristig dennoch viel daraus lernen konntest.

Wie gehst Du grundsätzlich mit Fehlern um? Schätzt Du Deine Fehler als Erfahrungszuwachs oder machst Du Dich selbst klein, wenn etwas schiefläuft?

Wie locker kannst Du mit den kleinen oder großen Fehlern Deiner Mitmenschen und Hunde umgehen? Stresst Dich das oder bist Du gelassen?

Stell Dir vor, die Fehlerkette ist wie eine lange Spirale, die sich im Laufe Deines Lebens immer wieder wiederholt. Dabei handelt es sich meistens nicht um die Wiederholung des gleichen Fehlers, sondern wir kommen mit jedem bewältigten Fehler in eine neue Entwicklungsstufe, in der wir Verbesserungen aus unseren Fehlern integriert haben.

Das ist wie bei einem Computerspiel, wo wir jedes Level einige Male neu beginnen, bis wir alle Punkte gesammelt oder alle Gegner besiegt haben. Und erst dann können wir in den nächsten Level starten.

Neue Fehler entstehen ganz natürlich erneut, weil wir uns auf der nächsten Ebene noch nicht auskennen und zurechtfinden müssen.

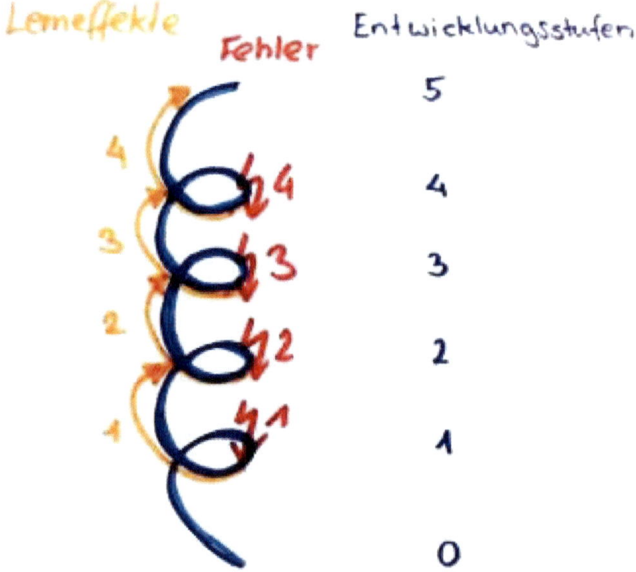

„Betrachte ich nur die Fehlerbilanz muss ich sagen, dass ich ein echter Versager bin. Betrachte ich meine Lerneffekt-bilanz muss ich sagen, ich bin ein Genie. Betrachte ich beide, sehe ich meine Entwicklung.“

Wie kann ich jetzt mit Fehlern umgehen, um alle Seiten eines Fehlers zu betrachten?

„Wir lernen zwar nicht nur aus Fehlern, aber Fehler sind unsere Sprungbretter in höhere Ebenen. Sie sind Denkanstöße und Lehrmittel zugleich."

Wenn Du noch mehr über den Umgang mit Fehlern lernen möchtest, kannst Du Dich auch einmal mit Ho'oponopono beschäftigen. Ho'oponopono ist ein sehr altes magisches, hawaiianisches Vergebungsritual.

Kapitel 12: Anspannung und Entspannung – wie der Herr so der Hund

Wir alle kennen das Gefühl der Anspannung, aber auch das der Entspannung. In der ersten Lektion war unter anderem vom Spiegeln die Rede. Hunde spiegeln uns, unser Verhalten aber vor allem unser Seelenleben. Energien übertragen sich. Das kennen wir auch von Treffen mit Menschen. Wut, Ärger, Liebe oder andere Emotionen sind energievoll.

Werten wir diese Gefühle, würden wir sagen: Manche Emotionen sind mit negativen Energien behaftet, andere mit positiven Energien. Wir spüren die jeweilige Energie des anderen Menschen und das meistens unbewusst.
Zum Beispiel kommt Dein Partner/ Deine Partnerin nach Hause, begrüßt Dich freundlich und wirkt gut gelaunt. Aber, Du spürst, dass diese gute Laune nur oberflächlich da ist.
Du wirst vielleicht unruhig, nervös oder betrübt. Die Energien Deines Gegenübers haben sich auf Dein Seelenleben übertragen und dementsprechend verändern sich nicht nur Deine Gefühle, sondern auch Dein Verhalten.

Der Körper reagiert mit Anspannung und je nachdem, wie Du die Situation interpretierst wirst Du Dich verhalten.

Nun fragst Du Dich vielleicht, was das alles mit Deinem Hund zu tun hat. Auch zwischen Dir und Deinem Hund gibt es eine Übertragung der Energien, der Gefühle und somit auch der körperlichen Reaktion.

Angespannte Situation von Hund und Halter

Ein klassisches Beispiel, dass sehr oft vorkommt, ist die gegenseitige Reaktion von Angst bei Mensch und seinem Hund. Nehmen wir zum besseren Verständnis ein Fallbeispiel:

Lena holt sich einen Hund aus dem Tierheim. Dieser Hund, Felix, ist ein mittelgroßer und ganz verschmuster Vierbeiner. Das einzige Problem, das er zeigt, ist seine Angst vor Artgenossen. Begegnet er bei Spaziergängen anderen Hunden, drängt er sich an Lenas Beine und ist nicht mehr zum Weitergehen zu bewegen.

Lena wird im Laufe der Zeit bereits vor den Spaziergängen nervös, denn sie weiß nicht, wie sie ihrem Felix helfen kann. Nun gehen also Mensch und Hund angespannt los und beide merken die Anspannung des anderen.
An dem Problem mit den Hundebegegnungen ändert sich nichts, zumindest nichts zum Positiven. Da Felix Lenas Anspannung spürt, bekommt er das Gefühl, dass Artgenossen tatsächlich eine Gefahr darstellen. Also nimmt Felix Angst zu. Vielleicht entwickelt er eine andere Strategie, um mit seiner Angst, aber auch mit der Anspannung, zurecht zu kommen und er

verbellt nun die anderen Hunde. Es kann auch sein, dass er zum Leinenpöbler wird und scheinbar jeden Artgenossen angreifen will.
Eines ist auf alle Fälle sicher: Hund und Mensch schaukeln sich gegenseitig mit ihrer angespannten Haltung hoch.

Es geht aber auch anders herum: Der Hund ist eigentlich ein gelassenes Wesen und sein Mensch spannt sich bei jeder Hundebegegnung an. Vielleicht hat der Mensch gelesen oder erfahren, dass Hunde sich nicht immer gut verstehen und dadurch kann er nicht entspannt spazieren gehen. Oder, wie das folgende Beispiel zeigt, es führen für den Menschen stressige Phasen zur inneren Anspannung, die der Hund erspürt und darauf reagiert.

Mittels Selbstreflexion Situationen entspannen

Das folgende Beispiel stammt von eigenen Erfahrungen und zeigt ziemlich deutlich, wie sich die innere Haltung des Menschen auf den Hund auswirkt.

Meine Hündin war zwei Jahre jung und die Spaziergänge mit ihr waren recht entspannt. Sie lief meistens frei und wir beide genossen die täglichen Gänge durch die Natur – jeder auf seine Weise.

Dann kam eine Zeit, in der ich unter Druck stand und mich gestresst fühlte. Das hatte nichts mit meinem Hund zu tun, aber diese innere Anspannung nahm ich natürlich mit, wenn ich mit Emma los zog. Bewusst war mir das jedoch zunächst nicht, denn ich freute mich immer noch jeden Morgen auf den langen Spaziergang.

Allerdings hatte ich mehr und mehr das Gefühl, meine

Hündin hätte einen erneuten und späten Pubertätsschub. Mein Rückruf verhallte immer öfter ins Nichts und blieb zunehmend ungehört.
Je schlechter sie auf meinen Ruf hörte, umso lauter rief ich. Die Spaziergänge waren nicht mehr entspannt. Emma bewegte sich hektischer, lief sehr weit voraus und die Berge weit hoch oder Abhänge weit runter.

Irgendwann jammerte ich mich bei meinem Mann aus, der mir dann sagte: „Achte einmal darauf, wie oft Du Emma rufst. Vorher hast Du sie nur selten gerufen."

So zog ich am nächsten Morgen wieder los und beobachtete mich und mein Verhalten. Mit dem Feedback meines Mannes im Ohr achtete ich darauf, wie oft ich Emma ermahnte und rief ... und bemerkte bei dieser Selbstbeobachtung, dass ich auch viel zu laut rief.

Diese Selbstreflexion half mir dabei, wieder zu entspannen und das wirkte sich positiv auf Emma und somit auf unsere Hund-Mensch-Beziehung aus:

- Ich redete wieder leise mit meiner Hündin, so wie sie es von mir gewohnt war
- Beim Spaziergang hörte ich auf, sie dauernd zu beobachten und zu kontrollieren und vertraute darauf, dass sie auf mich achtet.
- Ich rief sie nur dann, wenn es wirklich notwendig war, beispielsweise wenn sich ein Auto näherte.

Bereits nach wenigen Tagen konnten wir wieder unsere gemeinsamen Spaziergänge genießen. Weil ich auf mich und mein Verhalten achtete, sprich, wieder ruhiger werden musste und wollte, stellte sich automatisch Entspannung ein.

Da ich entspannt war, konnte sich auch meine Hündin entspannen. Die Folge war und ist:

- Ihre Bewegungen sind entspannt und ruhig
- Sie läuft immer noch gerne voraus, aber nicht weit
- Sie wartet immer wieder, schaut sich um und wenn ich aufgeholt habe, läuft sie weiter
- Wenn ich sie rufe, kommt sie sofort und das freudig zu mir

Dieses Beispiel zeigt sehr deutlich, wie sich die innere Haltung des Menschen auf den Hund auswirkt. Gleichzeitig haben wir dadurch die wunderbare Möglichkeit, uns ganz bewusst zu entspannen. Somit tun wir uns selbst Gutes und fördern eine entspannte und gute Beziehung zu unserem vierbeinigen Freund.

Und nun bist Du dran

Beim nächsten Spaziergang mit Deinem Hund hast Du die Aufgabe der Selbstreflexion. Achte also weniger darauf, wie sich Dein Hund verhält, sondern studiere Dein eigenes Verhalten.

Schreibe Deine Erkenntnisse anschließend auf und setze Dir entsprechende Ziele, an denen Du ab sofort anfängst zu arbeiten.

Sobald Du angefangen hast, Dein Verhalten zu ändern: Notiere die Verhaltensänderungen, die Du an Deinem Hund und an Deinem inneren Zustand bemerkst.

Die Veränderungen von Euch beiden stellen sich vielleicht nicht so schnell ein, wie das bei mir und Emma der Fall war. Es kommt immer darauf an, wie lange sich der vorherige Zustand schon aufrechthalten konnte.

Wie bei jeder Veränderung: Sei geduldig, auch mit Dir und freue Dich über jeden Erfolg – auch wenn er noch so klein erscheinen mag.

Kapitel 13: Selbstvertrauen stärken

Schon für kleine Kinder wird der Umgang mit Tieren als wertvoller Bestandteil der Erziehung angesehen. Ganz egal ob es sich dabei um ein Kaninchen, eine Katze oder einen Hund handelt – Verantwortung für ein Tier zu tragen ist eine sehr große Aufgabe. Diese Aufgabe lässt uns sehr wachsen, denn ein Haustier muss an jedem Tag mit eingeplant werden, auch wenn eine Klassenfahrt oder der Urlaub mit der Familie geplant wird.

Verantwortung lässt uns wachsen

Hunde fordern im Vergleich zu anderen Haustieren mehr vom Halter. Nicht nur die gesamte Ressourcenkontrolle an jedem einzelnen Tag, sondern auch Ausgleich, gemeinsames (Er-)Leben und die Möglichkeit der eigenen Natur nachzugehen. Wenn wir es schaffen dem Hund ein ausgeglichenes Leben zu ermöglichen, indem er Ruhe und Ausgleich, Aktion und Entspannung erlebt, dann haben wir nicht nur erreicht, dass der Hund ein glückliches Leben führt. Es stärkt unser Selbstvertrauen ungemein, da wir am Hund sehr klar erkennen können, ob wir Freiheiten gewähren und Grenzen aufzeigen können, ob wir uns in ein anderes Lebewesen hineinfühlen und sogar dessen Sprache lernen können und ob wir den Alltag und das Leben nicht nur für uns, sondern auch für andere managen können.

„Wer einen Hund führen kann, der ist persönlich so weit gereift, dass er nicht nur sich, sondern auch andere führen kann."

Oft bemerken Eltern bei ihren Kindern, dass die Verantwortung eines eigenen Haustieres zu groß ist. Das ist eigentlich kein Wunder, denn Kinder unterliegen selbst der Führung eines Erwachsenen und haben je nach Alter oft noch nicht gelernt ihr Leben alleine zu führen. Wie soll es dann möglich sein noch zusätzlich für andere Verantwortung zu übernehmen?

Es ist gut, wenn wir die Verantwortung nur so verteilen, wie es für einen Menschen möglich ist, diese zu übernehmen. Erst dann lassen uns Aufgaben persönlich wachsen. Diese Aufgabe kann auch sein Verantwortung für einen Hund zu übernehmen.

Auf die eigenen Fähigkeiten vertrauen

Wer einen Hund erzogen hat, der weiß wieviel Durchhaltevermögen und Konsequenz manchmal notwendig sind. Ist es nicht ein tolles Gefühl, wenn nach und nach der Hund dazulernt? Ist Dir schon einmal aufgefallen, wie sehr Du selbst an dieser Aufgabe gewachsen bist? Bestätigt es Dich in Deinem Handeln, so kannst Du Dir selbst und Deinem Tun immer mehr vertrauen.

Ein anderer Punkt neben der Erziehung ist die Ausbildung von Hunden. In der Ausbildung geht es „nicht nur“ um das sozial adäquate Verhalten des Hundes, sondern um das Erlernen von Signalen. Auch hierbei können Hund und Halter sehr gut (zusammen-)wachsen. Und wie stolz ist die Brust von Hund und Halter „geschwollen“, wenn eine Prüfung bestanden ist. Solche Situationen verleihen dem Menschen Selbstvertrauen und dieses Vertrauen ist wichtig um in anderen Lebenslagen souverän bestehen zu können.

Souveräne Hunde haben meistens auch souveräne Hundeführer. Es scheint, als würde die Persönlichkeit des Halters auf den Hund abfärben. Der Spruch „Wie der Herr so's Gescherr“ lässt uns vermuten, wie stark unsere Fähigkeiten und Reaktionen die Kommunikation mit dem Hund und das Verhalten unseres Hundes beeinflussen.

Sein zu dürfen, wie man ist

Der Hund nimmt den Menschen an, wie er ist. Seine Kommunikation ist die Reaktion auf unsere Handlungen, ohne dabei eine wertende Haltung einzunehmen, wie es unter Menschen oft vorkommt. Wer diese Reinheit und Klarheit in der Kommunikation des Hundes erkennt, ist selten beklommen oder verletzt, wenn der Hund zurückweisende Signale sendet. Im Gegenteil, er wertschätzt sogar, dass der Hund die soziale Kompetenz besitzt, Warnsignale zu senden.

Ich habe einmal eine Hundehalterin kennengelernt, deren sprachlicher Ausdruck etwas beschränkt war. Sie gab ihrem Hund das Signal „auf'n Arsch“ anstatt „Sitz“ zu sagen. Dennoch: Es funktionierte. Dem Hund ist es ja egal, wie das Signal genau heißt.

„Hunde (be-)werten ihre Menschen nicht und behandeln sie nicht abschätzig.“

Es kommt auf andere Dinge an. Und genau *weil* Hunde so unvoreingenommen und vorurteilsfrei auf uns Menschen zugehen, stärken sie unser Selbstvertrauen mit der einfachen Art und Weise uns so (an)zunehmen, wie wir sind.

In der Menschenwelt werden viele Aspekte unseres Seins über Aspekte unseres Habens bewertet. Haben wir tolle

Autos, viel Geld und schicke Klamotten, sind wir gleich eine beeindruckende Persönlichkeit. Die Fassade wirkt.

„Den Hund können wir nicht über unser Haben beeindrucken, nur durch unser Sein."

Oder haben Sie schon einmal einen Hund gesehen, der sich weigerte in einen verrosteten, alten Opel Corsa einzusteigen, um lieber in den Porsche Cayenne des Nachbarn zu springen?

Genau hier liegt der Unterschied. Das „Sein dürfen" zu spüren, wenn der Hund uns zu Hause nach unserer Wiederkehr begrüßt. Mein Selbst wahrnehmen, wenn mein Hund mit mir interagiert. Der Spiegel des Hundes, der mich *selbst* deutlicher in allen Facetten zeigt, als ich es jemals zeigen werde. Der Hund, der mein Selbst sieht, der mein Dasein reflektiert.

Jedoch kann all das Wahrnehmen des eigenen Selbst auch unheimlich schmerzbar sein (siehe auch Kapitel „Der Hund als Spiegel), denn das, was ich sehe, bin ich, - ohne Fassade!

Hunde machen uns stark

Egal, ob es ein schmerzhaftes oder beglückendes „Sein-Erlebnis" ist, beides stärkt uns. Das positive Gefühl bestärkt uns in unserem Handeln, erfüllt uns mit Glück und vielleicht sogar Lob anderer Menschen, wenn meine Beziehung zum Hund harmonisch ist. Das negative Gefühl, wenn die Mensch-Hund-Beziehung noch nicht ausgereift ist, kann mich dazu auffordern Veränderungen in meinem Leben vorzunehmen und mich dabei persönlich weiterzuentwickeln. Auch diese Form stärkt mich letztendlich in meinem Dasein.

So, wie der Spruch: „Alles, was mich nicht umbringt, macht mich stärker.“

Zuletzt möchte ich Dir gerne folgende Fragen stellen, die Dich Deinem starken Selbstvertrauen näherbringen sollen:

- Übernimmst Du Verantwortung, für Dich, Deinen Hund und Deine kostbare Lebenszeit?
- Hast Du Vertrauen in Deine Fähigkeiten?
- Fühlst Du, dass Du hier *SEIN* darfst?
- Lässt Du zu, dass Dein Hund Dich als Dein Spiegel stärkt?

Wenn Du alle Fragen selbstbewusst mit Ja beantwortest, dann gratuliere ich Dir sehr herzlich zu Deiner persönlichen Entwicklung!

Hast Du jedoch eine oder mehrere Fragen mit Nein beantwortet ist das okay. Hinterfrage Dich in diesem Fall

- woran es genau liegt, dass Du keine Verantwortung übernehmen kannst/willst,
- woran es liegt, dass Du an Deinen Fähigkeiten zweifelst,
- woher das Gefühl kommt, nicht sein zu dürfen und
- was genau Dich davon abhält Deinen Hund als Deinen Spiegel wahrzunehmen und die Botschaften von ihm aufzunehmen und in Dein Leben zu integrieren.

Deine Antworten können überraschend sein, oft ist es ein kurzer spontaner Gedanke, der Dich weiterbringt. Vielleicht hast Du schon jetzt neue Impulse für Dein Leben gewonnen.

Kapitel 14: Ruhe lernen

Ruhe lernen vom Hund? Wie soll das denn gehen?
Als „Rudelführer“ möchtest Du, dass Dir Dein Hund folgt, dass er Dir vertraut und das funktioniert nur dann, wenn Du Ruhe ausstrahlst. Aber auch die andere Form der Ruhe ist gemeint: Entspannen, dösen, nichts tun. Mal macht es Dir Dein Hund vor, was Ruhe bedeutet und mal bist Du es, der/die Ruhe verbreiten sollte.

Ruhig agieren, damit auch Dein Hund ruhig agiert

Nehmen wir einmal an, Dein Hund bellt fremde Hunde an, denen ihr auf dem Spaziergang begegnet. Er hängt sich also schon bei Sicht des Artgenossen in die Leine und bellt. Dieses Verhalten hat er sich irgendwann antrainiert und Dir gefällt das gar nicht. Also versuchst Du Deinen Hund ruhig zu bekommen. Du ruckst an der Leine oder wirfst ihm verbal Drohungen entgegen. Vielleicht schreist Du auch ein

Kommando wie „Hör auf!". Eventuell ziehst Du Deinen bellenden Hund auf die andere Wegseite. Egal was Du machst, all diese Methoden werden Deinen Hund nicht davon abhalten, den Artgenossen anzubellen.

Du siehst einen anderen Hundehalter und sein Hund geht ganz gelassen an dem fremden Artgenossen vorbei.
Mh, was ist da anders? Ist es der Hund, der einfach einen anderen Charakter hat? Vielleicht, denn Charakter spielt natürlich auch eine Rolle. Aber, vielleicht beobachtest Du einmal solche Hundehalter etwas genauer. In der Regel agieren diese Menschen ruhig und gelassen. Sie gehen an anderen Hunden vorbei, ohne sich darum zu kümmern, wie der fremde Hund tickt.

Die Ruhe und Gelassenheit, die diese Hundehalter ausstrahlen, vermitteln ihren Hunden: Ok, mein Herrchen/ Frauchen hat die Sache im Griff. Ich muss mich um nichts kümmern. Die Stimmung des Menschen überträgt sich auf den Hund.

Der Hund muss also nicht bellend dafür sorgen, dass ihm der andere Hund nicht zu nah auf den Leib rückt. Er wird auch nicht in die Ecke des Immer-lieben-Hundes gedrängt, der alle Artgenossen einfach spitze findet. Er kann sich auf seinen Menschen verlassen, der ihn ruhig und gelassen an dem anderen Hund vorbeiführt.

Schaut man sich einmal an, wie ein hündischer Boss agiert, können wir viel lernen. Der Chef einer Meute ist stets ein ganz souveräner Typ, der gelassen und ruhig agiert. Er guckt auch nicht auf sein „Gefolge", um sie zu kontrollieren. Dann würde er nämlich zeigen: Macht ihr euren Job und ich gucke mir das mal an. Im Gegenteil: Die anderen Hunde beobachten ihren Boss und richten sich nach dem, was er so macht. Die Hunde folgen ihm und er muss dafür keine Kontrolle ausüben. Würde der Boss unruhig sein, ständig die Meute kontrollieren und beobachten und hätte er von Gelassenheit noch nichts gehört, dann wäre er gar kein Boss.

**„Führen heißt nicht kontrollieren.
Führen heißt, vertrauensvoll und ruhig zu agieren!"**

Nun sind natürlich nicht alle Probleme, die man mit seinem Hund hat, mit Ruhe und Gelassenheit zu lösen. Dennoch haben viele Probleme damit zu tun, dass der Halter nicht ruhig agiert. Die meisten Hundehalter versuchen jede Situation zu kontrollieren, ihren Hund zu kontrollieren. Wie reagiert mein Hund, wenn sich ein Artgenosse nähert? Bei dieser kontrollierenden Beobachtung tauchen unwillkürlich Vorstellungen vor dem inneren Auge auf. Zum Beispiel würdest Du es furchtbar finden, wenn sich aus Deinem freundlichen Welpen ein Hund entwickelt, der bellend und knurrend an der Leine hängt. Diese Gedanken führen zu entsprechenden Gefühlen und diese Gefühle spürt Dein Hund. Er spürt, dass Du innerlich angespannt, nervös oder unruhig bist. Immer dann, wenn sich ein Hund nähert.
Also muss es an den Hunden liegen, dass Frauchen oder Herrchen so angespannt wird. Da der Mensch scheinbar – in den Augen des Hundes – nicht fähig ist, diese „Gefahr" zu bannen, übernimmt der Hund diese Aufgabe.

Du bist also gefragt, wenn Du gewisse Situationen entspannen möchtest und genau hier liegt wieder eine Situation vor, die nicht nur Deinen Hund weiterbringt, sondern auch Dich persönlich stärkt.

Um beim oben genannten Beispiel zu bleiben:

- Außerhalb einer solchen Situation stellst Du Dir gedanklich vor, wie zukünftig Hundebegegnungen aussehen sollen. Träume mal vor Dich hin: Wie reagiert Dein Hund? Wie reagierst und agierst Du? Wie geht es Dir innerlich dabei? Und wie fühlst Du Dich, wenn Dein Hund ganz ruhig und entspannt am anderen Hund vorbei ging?

- In der Situation kannst Du Atemübungen machen. Das klingt vielleicht banal oder verrückt, doch wichtig ist es, dass DU ruhiger wirst. Spürt Dein Hund Deine innere Ruhe, kann auch er ruhiger werden. Also atme tief Durch und stell' Dir die erträumten Bilder vor.

- Achte nicht darauf, was Dein Hund macht. Achte mehr auf Dich, auf das, was Du machst! Das bedeutet: Gehe einfach am anderen Hund vorbei. Lass Deinen Hund hampeln und bellen. Beachte dieses Verhalten nicht großartig, aber beachte Dein Verhalten ... und Deine Gedanken!

Je öfter Du in solchen Situationen ruhig geblieben bist, desto näher rückt der Zeitpunkt, an dem auch Dein Hund ruhiger werden wird. Du strahlst mit Deiner Ruhe Sicherheit aus. Dein Hund kann sich an Dir orientieren, weil er sich sicher fühlen kann. Frauchen /Herrchen hat die Situation im Griff.
Dies ist mal wieder ein Beispiel dafür, wie viel wir als Hundehalter lernen können. Du meisterst eine zuvor schwierige Situation, indem Du immer ruhiger und gelassener wirst. Das lässt sich dann auch auf andere Lebenssituationen übertragen, in denen Du bisher unruhig, nervös und angespannt warst.

Einfach mal nichts tun – Dein Hund macht vor wie das geht

Dann gibt es da noch diese andere Form der Ruhe, die zu mehr Gelassenheit und Entspannung führt. Hunde dösen viel. Sie liegen einfach rum und schlafen und tun gar nichts. Wie herrlich, wenn wir Menschen das auch könnten. Wie wohltuend wäre es, sich täglich aus dem Alltag zu beamen und vor sich hindösen zu können.

Aber, was machen wir Menschen? Wir bleiben den ganzen Tag über aktiv, egal wie es uns dabei geht. Der Körper schreit schon nach Ruhe, doch wir überhören seine Signale. Leistung ist das was zählt – zumindest in unserer Gesellschaftsform. Wir vergeuden somit wertvolle Energie und nicht selten ist irgendwann der Energietank leer. Die Folgen sind körperlich und seelisch spürbar, doch ein leerer Energietank lässt sich nicht mal eben kurzerhand wieder auffüllen.

Hunde sind in der Regel keine Energieverschwender, mal von Welpen und Junghunden abgesehen. Sollte Dein Hund den ganzen Tag wie ein nervöses Hemd durch die Wohnung laufen, dann fühlt er sich mehr als unwohl. Ein gesunder Hund, dem Ruhen erlaubt ist, wird den Tag mit viel Dösen und Schlafen verbringen. Ist dann wieder Action angesagt, hat er genug Energie, um aktiv zu sein.

Jetzt sollst Du Dich natürlich nicht den ganzen Tag aufs Sofa legen und dösen, jedenfalls nicht jeden Tag. Dein Hund zeigt Dir aber, wie Du mit Deinen Energie-Ressourcen besser haushalten kannst. Wie wäre es mit einer Siesta, so wie das in Spanien üblich ist? Innehalten, raus aus dem Alltagsstress und dösen, tagträumen, schlafen. Einfach ruhig liegen bleiben und nichts tun, um auf diese Weise den Energietank nicht leerlaufen zu lassen, sondern aufzufüllen.

Sorgst Du täglich für Ruhepausen, wirkt sich dies positiv auf Deine Nervenstärke aus und das wiederum wird es Dir einfacher machen, Deinen Hund ruhig zu führen.

In diesem Sinne wünsche ich Dir und Deinem vierbeinigen Freund mehr Ruhe und Gelassenheit!

Kapitel 15: Selbstbestimmt handeln

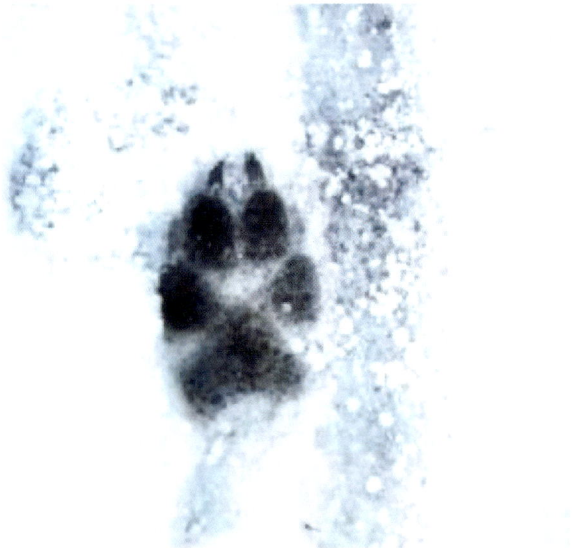

Nun sind wir am letzten Kapitel angekommen und wir hoffen, dass Dir das Buch bisher gefallen und geholfen hat. Zum Schluss geht es um die Selbstbestimmung und das ist ein Thema, das für ein zufriedenes und Deinen Bedürfnissen entsprechendes Leben wichtig ist. Auch hier kann Dir der tägliche Umgang mit Deinem Hund, aber besonders mit anderen Hundehaltern oder Trainern behilflich sein:
Stark bleiben, bei Dir bleiben und Dir treu bleiben.

Methode XY ist die einzig richtige Erziehungsmethode

Für viele Hundehalter endet die Selbstbestimmung bereits zu Beginn ihrer Zeit mit dem Hund. Und ich rede nicht von Hundeanfängern, die sich ihren ersten Hund ins Haus holen. Dank Internet sind viele Informationen zu bekommen und das auf einfachstem Wege. Dank Internet sind aber so viele Informationen zu erhalten, dass nicht selten große Verwirrung beim Hundehalter eintritt. In Foren, Blogs, in den Social Networks und auf Webseiten diverser Hundeschulen kann von zig Methoden zur Hundeerziehung gelesen werden.

Da staunt der Hundehalter und war er sich auch noch so sicher – spätestens bei der dritten Methode fängt er an, sein Wissen und seine Erfahrungswerte anzuzweifeln. Welche Methode ist richtig? Welche soll man wählen? Fragt man nach, so bekommt man viele Antworten und diese Antworten von Trainern oder Hundehaltern sind sehr unterschiedlich. Jeder hat scheinbar die einzig richtige Methode parat, um dem Vierbeiner Manieren beizubringen.

Vielleicht war Dein Bauchgefühl bisher Dein bester Berater und Du konntest Deiner Intuition folgen. Wahrscheinlich bist Du damit gut gefahren und hattest – wenn überhaupt – nur kleine Problemchen mit Deinen Hunden. Falls Du dieses Buch gekauft hast, weil Du mit Deinem ersten Hund alles richtig machen möchtest, lass Dir eins gesagt sein: Niemand ist perfekt, weder Du, noch ich, noch Dein Hund! Wenn Du Dir das verinnerlichst, bist Du einen großen Schritt weitergekommen. Dein Hund muss nicht perfekt gehorchen, genauso wenig wie Du die perfekte Hundehalterin /der perfekte Hundehalter werden musst.

Zudem gibt es nicht die eine und einzige Methode, mit der man einen Hund erziehen kann. Wer das behauptet, der hat schlicht und ergreifend noch nicht erkannt, dass jeder Hund eine individuelle Persönlichkeit ist.

Was Deine Intuition betrifft: Nach den bisherigen Lektionen dieses Kurses müsstest Du Dir schon ein ganzes Stück näher gekommen sein. Dein Bauchgefühl wurde mit all den Übungen gleichzeitig mittrainiert. Wahrnehmen, spiegeln, Vertrauen aufbauen, authentisch sein...all das trägt dazu bei, dass Dein bester Ratgeber (die Intuition) wieder motiviert ist und Dir die passenden Tipps geben kann. Deine Intuition wird Dir sagen, ob eine Methode für Deinen Hund und für Dich richtig ist. Du wirst spüren, ob sich eine Trainingsmethode passend anfühlt. Verlass Dich also auf Deinen inneren Berater und schaue Dir gleichzeitig die Reaktionen Deines tierischen Freundes an.

Positive Verstärkung und bloß nicht bestrafen

Gott sei Dank sieht die moderne Hundeerziehung nicht mehr so aus, wie noch vor 30 Jahren. Damals war es ganz normal, den Hund mit Schlägen und anderen Strafen zum Gehorsam zu zwingen. Wer heute noch auf diese Art „erzieht“, wird niemals ein echtes Mensch-Hund-Team erleben können. Der Hund mag aufs Wort hören, aber das tut er dann aus Angst. Eine echte Bindung ist das nicht. Solche Hundehalter möchten vielmehr Macht haben und wenn sie das schon in anderen Bereichen nicht können, leben sie dieses Bedürfnis am Hund aus. Keine nachahmungswerte Strategie, denn diese Menschen haben noch nicht erkannt, dass wir alle miteinander verbunden sind. Was wir dem Tier antun, tun wir gleichzeitig uns an – ein prügelnder Mensch prügelt seine Seele gleich mit.

Nun gibt es aber die Hundehalter die behaupten: Ein Hund darf niemals bestraft werden, sondern ausschließlich mit positiver Verstärkung erzogen werden. Für diese Hundehalter ist ein streng gesprochenes „Nein!“ oder „Pfui!“ bereits eine Strafe, die nicht geduldet werden kann.

Jetzt gehen wir mal in den Alltag. Positive Verstärkung bedeutet: Ich belohne den Hund für etwas, was er in unseren Augen tun soll. Also: Wir üben den Rückruf und der Hund kommt angerannt. Nun erhält er eine Belohnung (Leckerli,

Lob mit Worten, Streicheln – was immer dem Hund gut tut). Durch diese Belohnung wird das gewünschte Verhalten bestärkt. Der Hund lernt mit der Zeit: Wenn ich dem Ruf meines Menschen folge, werde ich belohnt, bekomme Beachtung geschenkt und mein Mensch freut sich total.

Bis dahin ist alles noch verständlich und auch ich betrachte diese Vorgehensweise als sehr, sehr gut.

Und dann kommen Situationen, wo sich der Hundehalter fragt: Und nun? Was soll ich hier positiv bestärken und wie bringe ich meinem Hund bei, dass dieses Verhalten nicht in Ordnung und vielleicht sogar lebensgefährlich ist?

Ein Beispiel: Du gehst mit Deinem Hund am Feld entlang spazieren. Dein Hund läuft fröhlich und ohne Leine. Ein Auto nähert sich und Dein noch junger und neugieriger Hund hat sich angewöhnt, Autos zu jagen. Der Rückruf funktioniert zwar, aber nicht in solchen Situationen. Und jetzt? Möchtest Du abwarten, ob Dein Hund heute doch Deinem Ruf folgt, obwohl er bereits das Auto entdeckt hat? Vielleicht geht es ja gut und Dein Hund kommt und Du kannst ihn loben. Vielleicht aber auch nicht, aber ein Nein oder ein strenges „Hey!!!“ wäre ja eine Strafe. Ich glaube nicht, dass Du zusehen möchtest, wie Dein Hund unter die Räder kommt.

Ein anderes Beispiel: Du wanderst mit Deinem Hund Durch den Park und plötzlich siehst Du, wie Dein Hund ein Wurststück aufnimmt, das auf dem Boden lag. Und jetzt? Ausschließlich positive Verstärkung? Vielleicht ist dieses Wurststück mit Gift, Nägeln oder sonst etwas gespickt, wie das des Öfteren vorkommt. Es gibt halt dumme Menschen, die solche Köder auslegen. Ein strenges „Nein!“, „Pfui!“ oder „Aus!!“ würde nun dem Hund eventuell das Leben retten.

Also ich möchte nicht mein Glück herausfordern und hoffen, dass es nur eine Wurst war, ohne lebensgefährlichen Inhalt.

Ein strenges „Nein“ wird Deinem Hund nicht wehtun, aber Du wirst ihn vor mancher Gefahr schützen können.
Als Hundehalter trägt man Verantwortung und der Hund muss zudem lernen, wo seine Grenzen sind. Wir leben nun mal nicht mitten in der Natur, weit weg von Straßen oder Köder auslegenden Menschen. Wir leben in der sogenannten Zivilisation und wenn Du mit Deinem Hund gemeinsam durch diese Zivilisation gehen möchtest, ist es super gut, ihn positiv zu bestärken in dem Verhalten, das wünschenswert ist. Manchmal ist ein Nein oder auch ein Zurückhalten durch die Leine notwendig, um Gefahren für den Hund selbst oder für andere Lebewesen abzuwenden.

Andere Hundehalter und ihre Tipps

Nun, was haben positive Verstärkung und andere Erziehungsmethoden mit Deinem selbstbestimmten Handeln zu tun? Du wirst immer wieder auf andere Hundehalter treffen, die es besser wissen, die Dir sagen wollen, wie Du Deinen Hund zu behandeln hast. Es ist auch nicht jeder Hundetrainer ein guter Hundetrainer, nur weil das auf seinem Schild steht.

Ich kann von einem Erlebnis berichten und ich bin froh, dass ich weiterhin selbst bestimme, was ich meinem Hund erlaube und was nicht.

Ich traf bei einem Spaziergang einen Mann aus der Nachbarschaft. Er hatte zwei Hunde, die immer frei herumliefen und das nicht nur beim Spazieren, sondern seine Hunde dürfen streunen. Dementsprechend reagieren sie nicht auf Rückruf oder anderes. Sie entscheiden, ob sie weiterhin mit ihrem Menschen spazieren gehen oder sich absetzen und alleine weiterlaufen.

Da ich den Mann und seine Einstellung kannte, leinte ich meine Hündin an. Sie war noch jung und wäre garantiert mit den zwei Hunden losgerannt. Der Mann hielt mir einen Vortrag über Hundeerziehung und sagte mir, ich solle meine Hündin ableinen. „Die kommen schon zurück, die finden nach Hause!“ Ich nickte freundlich und ging weiter.

Einen seiner Hunde fand ich wenige Tage später am Straßenrand. Er war scheinbar auf dem Rückweg und wollte nach seiner Streunerrunde wieder nach Hause laufen. Leider hat er sein Ziel nicht mehr erreicht, denn er wurde von einem Auto überfahren.

Lass Dich also nicht fremdbestimmen und handle nicht entgegen Deinem Bauchgefühl.

Von anderen Menschen lernen, aber von welchen?

Ich handle nach diesem Motto: Frage immer den, der da ist, wo Du hin möchtest. Lerne ich einen Hundehalter kennen, der bereits mit seinem Hund ein Ziel erreicht hat, das ich gerne erreichen möchte, frage ich diesen um Rat. Allerdings muss sein Umgang mit seinem Hund ebenso meiner Vorstellung entsprechen. Ich würde also nie einen Hundehalter um Rat fragen, der seinem Hund Gehorsam einprügelt oder mit anderen Angst machenden Methoden arbeitet.

Ansonsten höre ich auf mein Bauchgefühl und schaue mir meine Hündin an, denn sie zeigt mir ganz deutlich, mit welchen Methoden sie gut umgehen kann.

Weitere Bücher/Ebooks von Marion und Eva

Taschenbuch: „Mach Dich auf und gehe Deinen Weg"
Ein Buch mit Übungen und Tipps für mehr Lebensgenuss

ISBN-10: 1516996674 ISBN-13: 978-1516996674

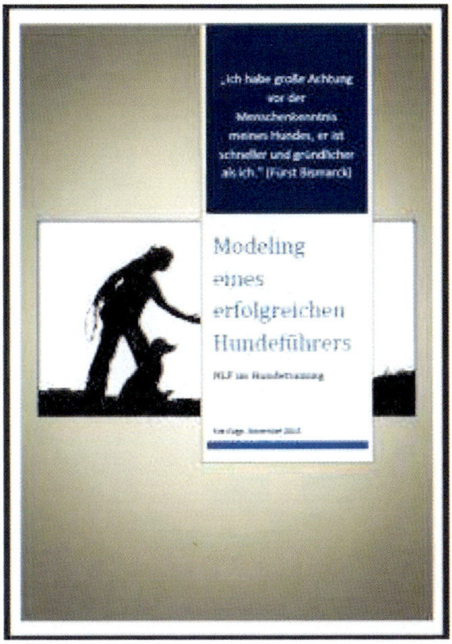

Ebook: Modeling eines erfolgrei-chen Hundeführers
Zu finden bei Xinxii unter
http://www.xinxii.com/modeling-eines-erfolgreichen-hundefuhrers-p-349694.html

Fachbuch: Sicherung des Lern-transfers i. d. betrieblichen Weiterbildung am Beispiel Business Training mit dem Hund

ISBN-10: 3639352297 ISBN-13: 978-3639352290

Online-Angebote von Marion und Eva

Online Hundecoaching
Entdecke jetzt das kostenfreie Ebook mit 10 Übungen für deinen Hund auf
http://www.shaping-dog.de

Das Hundeübungspaket
Das komplette online Hundetraining mit Video-Anleitungen auf http://www.shaping-dog.de

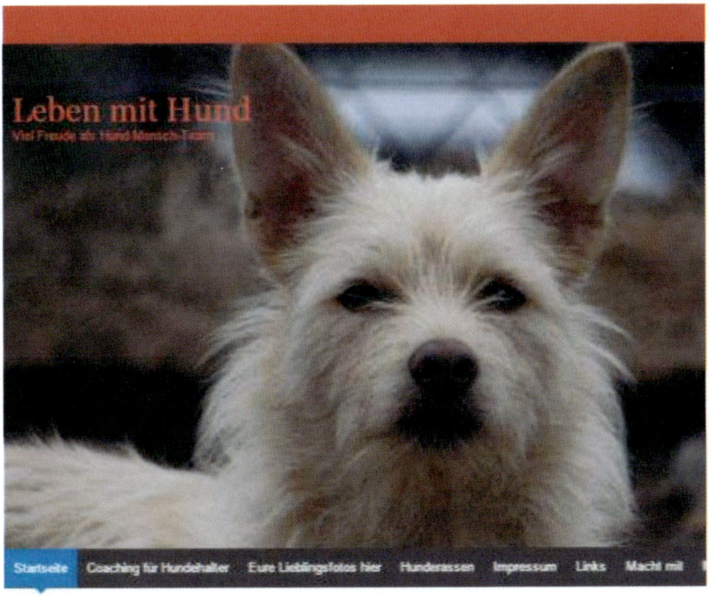

Mein Tierischer Freund
Viele Infos für Hundefreunde plus Angebot Coaching für Hundehalter
http://www.meintierischerfreund.com

42875269R10068

Printed in Poland
by Amazon Fulfillment
Poland Sp. z o.o., Wrocław